JN086065

社員も
会社も輝く！

関西の
優良企業
50社

日刊工業新聞［編］
特別取材班

2020
年版

日刊工業新聞社

刊行にあたって

総求人数の半分程度しか就職する学生がいない——。

2019年4月にリクルートワークス研究所が発表した「大卒求人倍率調査（2020年卒）」によると、2020年3月卒の大学生の求人倍率は1.83倍と、リーマン・ショック後の2010年以降では2番目の高さ。民間企業の総求人数80.5万人に対し、就職希望者数は44.0万人と、36.5万人の人材不足となっています。少子化の進行により、今後も「超売り手市場」が続くのは必至であり、人材確保は各社共通の課題となっています。

一方で、新規学卒就職者の離職も課題となっています。厚生労働省職業安定局がまとめた資料（平成27年3月卒業者対象）によると、卒業後3年以内の離職者の割合は、高卒者が39.3%、大卒者が31.8%となっています。おもな理由に「労働時間・休日・休暇の条件がよくなかったため」「人間関係がよくなかったため」があげられており、採用時の説明と実際とのギャップから離職に至るケースが多いようです。

こうした課題の一助になればとの思いから企画したのが本書です。
関西エリアで人材を大切にし、成長を続けている優良企業50社から計58名の方を紹介いただき、自身の仕事内容や、それに対する思いを通じて各社の魅力をまとめました。

企業の就職サイトでは、「仕事の裁量が大きい」「何でも任されて成長できる」など、やや背伸びしたコメントが散見されます。これに対し、本書で取り上げた方には「等身大」で自身の仕事を語っていただきました。自身のミスで品質管理体制の変更を招いてしまった失敗談や、アルバイト雇用からスタートして取締役に昇格したという意外な経歴など、それぞれのエピソードを紹介しています。今後の活躍が期待される若手から、すでに経営を支えている中堅社員まで、幅広い年齢層の方に自身を丁寧に語っていただきました。

併せて、各社の人材育成および各種支援制度も紹介しています。いずれの企業も充実した社内研修制度を整備されており、かつてのOJTに依存した教育制度から脱却しています。また、育児・介護の両立支援制度をはじめ1人ひとりのライフイベントに合った支援制度も構築されています。このような人間尊重にもとづく経営が、各社の新製品・新技術・新サービスの創出につながり、企業としての成長につながっていることがうかがい知れます。

これらの内容を紹介した本書は、掲載企業および業種への就職を希望する学生や転職を検討する方はもちろん、人材確保に悩む企業の人事・総務担当の方にも参考になると確信しています。

最後に、本書籍の制作にあたり、魅力ある社員の方々を紹介いただき、自身の取り組みや思いを真摯に語っていただくことに協力くださいました掲載企業様に感謝の意を表しまして、巻頭の言葉とさせていただきます。

日刊工業新聞特別取材班

contents

第3章 建築・土木・設計／環境・エネルギー 商社・サービス・印刷・映像

第1章

機械・金属

Machinery / Metal

機械・金属

- 株式会社大阪プロジャパン
- 株式会社木村製作所
- 日下部機械株式会社
- 江商螺子株式会社
- 株式会社工進
- 株式会社ゴードーキコー
- 三和コンベア株式会社
- seavac株式会社
- ゼロ精工株式会社
- 東亜精機工業株式会社
- 株式会社トーホー
- 東洋バレル技研株式会社
- 株式会社中北製作所
- 株式会社日進製作所
- 日新技研株式会社
- 株式会社二六製作所
- 菱井工業株式会社
- 株式会社フセラシ
- フルテック株式会社
- 株式会社平和化研
- マツダ株式会社

▼ 株式会社大阪プロジャパン

全製品の品質保証で顧客の信頼獲得
——20μm 超微細穴加工など精密部品加工技術で圧倒的強み

ここに注目！
- ▶ MC 加工の超ベテラン技術者が懇切丁寧に指導
- ▶ セミナー・講習会などへの積極参加を援助する人材育成重視の姿勢

「匠の技」の評判を聞き入社を決意

大阪プロジャパンの特徴は、全製品の品質保証体制、加工履歴データベース構築、そして、微細穴加工技術を確立していることである。特に微細穴加工では難削材とされるステンレス鋼でも 20μm の超微細穴を開けられる技術を持っている。

同社は 2012 年に後藤武・現社長が、それまで勤めていた会社から独立するかたちで設立した企業。設立からまだ 8 年も経っていない。その若い会社が、なぜこれだけの技術を持っているのか。

実はその高度な技術を持ち、従

業員への伝承に務めているのが、製造部の中本日出男部長である。55 歳の中本さんは、マシニングセンター（MC）加工の作業歴 35 年という大ベテラン技術者。後藤社長と同じ会社で働いていたが、大阪プロジャパンの立ち上げ時に、一緒にこの会社に移ってきた。後藤社長からの信頼は厚い。

「社長の要請に応えてドリルを何度も折りながら、送り速度などの加工条件を変えては試しを繰り返し、ステンレス鋼には無理ではないかと思われていた 100μm の穴を開けることに成功。さらに難度を上げて、20μm にまで到達しました」と中本さんは言う。その「匠の技」は取引先などにも

よく知られているようだ。

2018 年に入社したばかりの梅本将希さんも、「大阪プロジャパンに凄い技術者がいるという評判を耳にして、大変興味が湧き、この会社に入ろうと思いました」と、入社した動機を語る。

梅本さんは 22 歳。高校を卒業後、建物解体作業の仕事に就いたが、肉体的にきつい仕事のため、身体がもたないと考えて仕事を辞めたという。そして新たな就職先を考えていた時期に、同じ高校の先輩でもある中本さんの評判を聞いた。

「入社して実際に中本部長の部下として働くようになりましたが、やはり本当に凄い人なんだと

▲中本さんの指導を仰ぎつつ作業に当たる梅本さん（写真左）

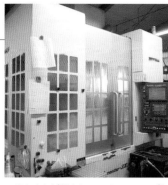

▲梅本さんが任されているマシニングセンター

▲工場内には各種工作機械がびっしりと配置されている

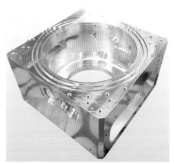

▲同社が得意とする超高精度加工の一例

実感しました」と振り返る。「まったく何もわからない私に、イチから仕事を教えるのは難しいと思うのですが、非常に的確に教えてくれました」。その懇切丁寧な指導方法が凄いのだという。

同じ失敗をしなければいい

とはいえ、マシニング加工という仕事はまったく経験がなかった梅本さんである。穴開け加工から始めたが、「横穴を開ける作業で、穴の位置がばらばらになり、10個中9個、製品をだめにしてしまったことがありました」。非常に落ち込んだそうだが、救われたのは同僚からの「気にするな」という声。そして、中本さんからは「大丈夫。失敗は誰にでもある。同じ失敗を2度しなければいい」

と言われた。非常に励まされたという。

中本さんは「MC加工は難しくて奥が深い仕事。私自身35年もこの仕事を続けていながら、まだ完璧にこなせるとは言えません」と語る。そのうえで「1年や2年で、ものにするのは無理。10年後に一人前の職人になるくらいのつもりでがんばってほしい」と、梅本さんら後輩にエールを送る。

穴開け加工から仕事が始まった梅本さんの次の目標は、「1枚の板から複雑形状をエンドミルで仕上げられるようになること」である。1つひとつ着実に階段を登り、「中本部長にいつか追いつきたい」と語る姿は頼もしい。

中本さんは「工程を自分で考えられるまでになれば一人前です。

彼には次に続く若い人に技術を伝えて、残していく立場になってほしい」と、大きな期待をかける。「皆が技術を磨いて作業時間を短縮させれば、働き方改革につながり、機械を止める時間を少なくしてコストも削減できます」。それが会社の成長につながると考えている。

後藤社長も「入社3年目以降の正社員には、自分の課題を見つけてもらい、展示会やセミナー・講習会に年1回は勉強に行ってもらいます。そのための費用負担や時間調整の手間は惜しみません」と語る。人材の成長力が、冒頭にあげた自社の優位性を、さらに高めていくと期待している。

INTERVIEW
わが社の魅力を語る

代表取締役
後藤　武さん

従業員の成長が企業の成長に

当社のお客様は非常に多岐にわたりますが、いずれも製品精度はもちろん、品質保証にこだわりを持たれているお客様ばかりです。

当社は20μmの超微細穴加工をはじめとする高度な技術だけでなく、画像寸法測定機と2種類の3次元測定機を使って全製品に品質保証を実施する「スリーステップ品質保証システム」

を持っています。全製品の加工履歴もデータベース化しており、お客様に安心していただける体制が整っています。

こうした技術・システムの維持発展には、現場の従業員の問題意識と向上心が必要です。今後も人材育成に力を入れ、"従業員の成長と、共に成長する会社"を目指していきたいと思っています。

会社DATA	
本社所在地	大阪府八尾市楽音寺5-137
設立	2012年4月　代表者：代表取締役　後藤 武　資本金：1,000万円
従業員数	20名
事業内容	半導体製造装置、医療分析機器、航空機関連等の精密機械部品製造
主な支援制度	セミナー・講演会への参加支援
URL	http://www.osaka-pro.jp/

▽ 株式会社木村製作所

人の縁を大切に超精密加工を極める
──社員の個性やこだわりを1つに束ねて顧客の問題を解決

ここに注目！
- ◎ 意思疎通と連携プレーを大切にするサッカー型組織
- ◎ 1人ひとりが技術開発に対する高いマインドを持つ研究開発型企業

　古南典正さんは、1/1000mm以下の高精度が要求される超微細加工を請け負うナノ加工研究所（長岡京市）の現場リーダーを務める。古南さんのもとには「どこにも引き受けてもらえない難しい仕事」が次々と舞い込む。例えば「厚さ1〜2mmのステンレス薄板の表面を研削し、平面度は±数μmの範囲に抑えたい」という依頼。研削作業では、金属表面を砥石などを用いて滑らかに加工するが、素材には大きな負荷がかかったり熱が発生したりするうえステンレス鋼は熱が逃げにくい。また、薄板であるため歪みや反りが発生しやすく、ミクロン単位の精度を出すのは極めて難しい。

　一度トライしたものの失敗に終わり、「あきらめかけたこともある」（古南さん）。それでも、問題解決の糸口にしたのは、頭に浮かんだ「空中で素材を固定しているようなイメージ」。複数の接着剤を組み合わせて薄板の底面を固定し、加工が終われば、溶剤で接着剤を剥離する方法を選択。これにより顧客の要求品質を達成した。

　これはほんの一例にすぎないが、知恵を絞り、「安い道具で何とかする」というポリシーで難題を日々解決している。各方面から頼られる存在となっている。

得意分野をワンチームに

　古南さんは、かつてガラスレンズメーカーに長く勤めていた。品質保証や金型設計、技術営業などの業務に携わり、金型加工の依頼先だった木村製作所にも出入りしていた。これまでの経験をモノづくりの現場で生かしたいとの思いが年々強くなり、また超精密加工にも興味があったことから、木村社長に思いを伝え、2015年に入社した。入社後は加工現場での作業にとどまらず、工作機械のNCプログラムを組んだり展示で営業活動をしたり、さらには会社のホームページを制作したりと、多方面で力を発揮する。

　このように八面六臂の活躍をする古南さんは、会社の仲間を「ワンチームのよう」と表現する。「そ

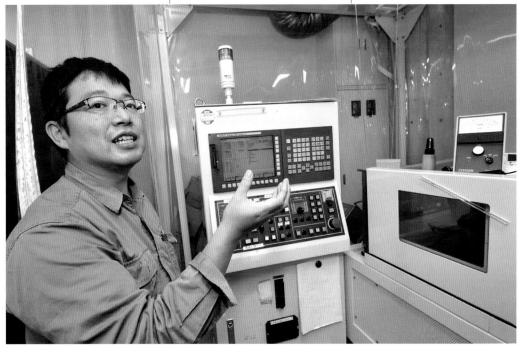

▲超微細加工のエキスパートとして活躍する古南さん

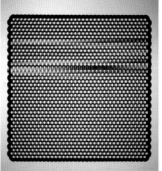

▲木村製作所が手がけた超精密加工部品の一例。レンズ金型群(左上)、HUD用ミラー金型(左下)、マイクロレンズアレイ(中)、超精密非球面加工(右)

れぞれ得意分野が異なるものの、それがうまく組み合わされて1つのチームになっている」からだ。また、新しいアイデアを提案すればそれを尊重し、「やってみたら！」と背中を押してくれる風土がある。「自由な発想でモノづくりができる」とも言う。

一方、木村俊彦社長は「複雑で難しい仕事ほど燃える。そんなマニアックな人材（専門人材）が集まっている」と話す。「彼（古南さん）もそう」と付け加える。そんな木村社長は、"サッカー型"の組織運営を志向している。選手それぞれが走りながら誰をどう生かすかを考えてパスを出し、全員でゴールを目指すというもので、「意思疎通や連係プレーが自然と増え、個性的な面々が組織として

まとまることができる。会社としても強くなれる」という。これこそがマニアックな人材をワンチームにし、難しい仕事をこなす組織づくりの秘訣のようだ。

魅力ある企業へと歩を進める

工作機械や製造設備などの金属部品の精密加工を得意とし、顧客からの評価や信頼も得てきた。ところが、2008年のリーマンショックを機に、業績は大きく落ち込んだ。そこで、この難局を乗り越え、かつ将来展望を切り拓くために「研究開発型ものづくり企業」を掲げることになる。顧客の課題解決や試作開発を引き受ける方向に舵を切る。また、最新の加工設備や検査機器も順次導入し、2012年には上述のナノ加工研究

所を開設した。

近年、多くの中小製造業は人材確保で苦戦している。優秀な人材を得るためにも、木村社長は「魅力ある企業にならないといけない」との思いを強くしている。長時間労働が当たり前で、同業者から「不夜城」と揶揄された時期もあったが、いまでは完全週休2日制で、NO残業デーを設けるなど労働環境の改善にも取り組む。

この中で、古南さんは難加工材とされるセラミック材料を使ったパーツづくりに向け、アイデアを練るなどチャレンジを続ける。自由闊達な雰囲気の中で、個性的なメンバーが活躍する職場はより強固なワンチームとなり、加速しようとしている。

INTERVIEW
わが社の魅力を語る

代表取締役社長
木村 俊彦 さん

技術開発への高いマインドを持って仕事に取り組む

ナノ加工研究所は当初、中小企業基盤整備機構の京大桂ベンチャープラザ（京都市）で立ち上げ、現在は本社工場近くに拠点を置いています。本社工場は100個までの数量で、1/100mm程度の精度が求められる金属部品を加工しています。

経営理念では「社員の成長が企業の成長であり、いかなる時代環境にも誇りを持って働ける魅力ある企業を目指します」と宣言しています。人の縁や社会とのつながりを大切にしながら、従業員1人ひとりが技術開発に対する高いマインドを持って仕事に取り組み、高い価値を顧客に提供していきます。

会社DATA	
本社所在地	京都府長岡京市馬場人塚1-2
設　　　立	1980年5月（創業：1969年4月）
代　表　者	代表取締役社長　木村 俊彦　資本金：2,000万円　従業員数：30名
事業内容	機械部品や光学関連部品の精密加工　URL：http://kimurass.jp/
ナノ加工研究所　所在地	京都府長岡京市馬場図所19-2
U　R　L	https://ultraprecision-nanomachining-center.com/

▼ 日下部機械株式会社

商社機能とエンジアリング機能を併せ持つオンリーワン企業
——新たな生産技術と機械化・自動化で広く貢献

ここに注目！
- ○ 適材適所で専門家が活躍する職場
- ○ SAPS をはじめ先進的な開発に取り組む社風

「定年が近づく中、まだまだ働きたいという思いが増していました。そして早期退職を決断し、当社に入社しました」

入社の経緯をこう語るのは、開発部マネージャーの斎藤栄一さん。前職の民生用映像機器などの開発経験を生かして画像処理技術の向上に携わっている。日下部機械では新たな生産技術として「SAPS」を提唱している。SAPSは画像処理技術を中核としてお

り、それだけに斎藤さんの役割は大きい。「これまでの経験を生かせる職場」だけにやりがいを持って日々、開発に取り組んでいる。

中途入社が適材適所で活躍

日下部機械は、1921年に元会長の故・日下部徳丸氏が前身の「日下部商店」として創業。1966年には現会長である簑原十昂氏が分離・独立し、機械設備商社として同社を設立する。その後、エンジ

ニアリング部門を立ち上げ、簑原寛秀社長が語る「商社機能とエンジアリング機能を併せ持つ稀有な企業」として存在感を高めることになる。また、発電用ボイラーメーカーの技術提携を機に、海外にも独自のネットワークを構築しており、中国市場だけでも年間30億円超の取引実績がある。

日下部機械の顧客には重工業メーカーが多く、これらの工場内では同社の高度な生産設備が稼働している。2019年に開発した、SAPSを実装した全自動パネルチューブ加工システムは、その代表である。

SAPSとは「Self Advancing Processing System」の略で、自己進行型システムである。製缶品や板金加工の溶接歪みや塑性変形に自動で対応するシステムを実現する。具体的には、溶接歪みと塑性変形が発生したボイラーパネルのチューブ加工を、画像をもとに3D計測を行い、その位置情報をもとにプラズマ切断やチューブ開先加工などを全自動で進める。3D計測情報をもとに制御を行うため教示（ティーチング）作業を不要としており、一品一様の加工や少量多品種生産に対応する。SAPSのように、教示レスのシステム構築を担える企業は限られており、同社の技術力の高さが伺える。

現在は、大阪大学と共同で画像処理機能をさらに向上したSAPSの開発に取り組んでいる。その中心を担うのは、もちろん斎藤さん。もともと同社は制御やソフトウエアで差別化を図ってきたが、斎藤

▲自社システムの画像処理技術の向上に励む斎藤さん

▲主に専用苗を育成する役目を担う平松さん

さんの加入によりこの方向性をさらに突き進めていく。

また、日下部機械では農業の自動化にも取り組んでいる。2014年に着手した接ぎ木ロボット『つぎ太郎』の開発である。接ぎ木開発部グループに所属する平松昌憲さんは開発担当の1人。入社5年目を迎える平松さんは、主に専用苗を育てる役目を担っている。

平松さんは、前職では農場で花の苗の生産に従事していた。農業のプロとして活動する一方で、農作業者の高齢化をはじめ日本の農業が直面する課題を感じていた。そんな折に、農業の機械化・自動化に取り組む同社の人材募集を知る。「人手のみで課題を解決するには限界がある」と考えていた平松さんは、「農業を"する"側から"支える"側になりたい」という思いを胸に入社を決意する。

「接ぎ木」とは、2種類の植物を接ぎ合わせ、両方の長所を兼ね揃えた植物をつくること。『つぎ太郎』はこのような熟練が要求される作業を自動で行う。平松さんが育てた苗は、『つぎ太郎』の動作検証などで活用されており、『つぎ太郎』の性能向上に寄与している。

現在の開発目標は、『つぎ太郎』で使える苗の品質を高め、『つぎ

▲ SAPS 実装システムによるプラズマ切断　　▲全自動接ぎ木システム

太郎』が扱える種類を増やすこと」と話す平松さん。「トマトやピーマンなどのナス科に限らず、様々な農作物に使えるようにしたい」と意気込む。

人材を軸に独自の開発

開発部には現在、斎藤さんと平松さんを含め11名のスタッフが所属している。同社に入社するまでのキャリアはそれぞれ異なり、中には、未経験からエンジニアリングに従事した社員もいる。人材育成には力を入れており、新人研修以外にも外部のセミナーや通信教育の受講支援のほか、専属スタッフによる月2回のティーチングなども行っている。平松さんも同社の支援制度を利用して第二

種電気工事士の資格を取得した。

日下部機械は以前より、人材の強化により独自のエンジニアリング体制を構築し、ソフトウエアを含む総合的な開発力を強みとしてきた。同時に、簑原社長が言う「競合の弱い分野で差別化を図る」戦略で、業界初といえるようなシステムを開発してきた。それがSAPSや『つぎ太郎』であり、専門性を備えた斎藤さんと平松さんがこれらの開発にピタリとはまっているのが興味深い。

このように、日下部機械は専門性を備える人材が、見事なまでに適材適所で活躍できる職場と言え、「技術者集団」を名乗れるゆえんとなっている。

INTERVIEW
わが社の魅力を語る

代表取締役社長
簑原 寛秀 さん

機械設備を通じて社会課題に対応する専門企業

当社は、1966年に前身の「日下部商店」から分離独立する形で創立して以来、重工業向けの製造設備の販売と開発に一貫して取り組んできました。近年は、創立50周年の節目を機に、以前より私が温め続けてきた農業の自動化プロジェクトをスタートしたほか、ディープラーニングをはじめAI技術を利用しつつ生産現場のIoT（Internet of Things）化にも注力しています。

少子高齢化に伴う世界的な労働力不足に対して機械を通じて社会貢献すべく、今後は、現在取り組んでいる農業事業はもちろん、自動化が求められる様々な分野に、生産設備のエキスパートとして積極的に参画していくつもりです。

会社DATA

本社所在地：大阪府豊中市寺内 1-2-2	
設　　立：1966 年 6 月（創業：1921 年 4 月）　**代表者**：代表取締役社長　簑原 寛秀	
資　本　金：9,500 万円　**従業員数**：57 名	

事業内容：①商事部門：プラント補機、製造設備、部品及び消耗品などの国内製品及び中国を中心とした輸入製品の国内向け販売／②エンジニアリング部門：発電所用ボイラー製造の設備機械、造船、建設機械、フォークリフト、その他重工業向け製造設備の開発・設計・製造・国内販売及び輸出

主な支援制度：資格取得支援制度、通信教育受講補助制度など

U　R　L：https://kusakabe-kikai.jp/

▽ 江商螺子株式会社

耐久性の高い長尺ねじを加工
——100年前に完成したクレーン船部品も再現する技術力

ここに注目！
- ◎ 切削工具を製作するため寸暇を惜しんで腕を磨く
- ◎ 技術者が経験を文章化して次世代に継承

約100年前に英国から輸入され、戦艦大和の建造にも使われたクレーン船の部品を製作してほしい——。突如、舞い込んだ依頼は長さ17mもの丸棒材の外周にねじ山を加工するというもの。その製作時は歪みやたわみが生じやすく、難易度が非常に高い。このような寸法の極端に長い特殊ねじの製作ができるのが江商螺子の強みだ。

当時、その作業を任されたのは横手雄一さん。白土渡社長が「長尺ねじを切らせたら社内でナンバーワン」と評する人材だ。1世紀にわたってほぼ問題なく使用された部品の再現という課題に、横手さんは「100年前の技術者には負けたくない」と自らを鼓舞し、果敢に挑んだ。

普段から使い慣れている16mCNC旋盤で15m分のねじ切り作業をしたうえで、他の20mCNC旋盤に移して残りを仕上げ、完成した。「（歴史的にも難易度的にも）一生に一度経験するかどうかという製品でした。その達成感は大きかったです」と当時の充実ぶりを語る。

特殊ねじ・スクリューの製作に強み

江商螺子は創業以来、特殊ねじや大型スクリュー、長尺シャフトなどを受注生産してきた。製鉄所内の圧延機向け大型スクリューや大型プレス機用タイロッド、水門開閉機用のゲートスピンドルなど、多くは加圧や動力伝動のほか、重量物を支えたり締結したりする

用途で利用されている。必ずしも設計図面には指定されていない公差などを考慮しつつ、条件・目的・要求に対し"ピタリ"と合う製品を供給している。

「製品の良さは長期間使用していただいて初めて実感してもらえます。万一、トラブルが起きれば顧客に大きな損害を与えかねません。だから製品づくりには一切、妥協していません」。白土社長は、モノづくりへのこだわりをこう強調する。

ねじ切り加工で用いる刃物は、ワークやねじ山の形状などに合わせて作業者が自ら製作する。横手さんも「若い頃は技術を身に付けようと始業前や昼休みも、ひたすら刃物を研いでいた」。また、ねじ切り加工では丁寧な作業が求め

▲刃物の仕上がりがねじ切り加工の精度を左右する

▲ 20m 近くの長尺ねじを加工できるのが強み

▲大型の特殊ねじも加工できるのが江商螺子ならでは

▲後輩技術者に根気強く続けてほしいと語る横手さん

られる。金属の切粉の形状および排出の様子にも気を配りつつ、刃物のワークへの角度や送り速度を調整したり、プレス機でワークの歪みやたわみを矯正したりしながら行う。

「狙い通りの精度や美しさを備えた製品を生み出すには、最適な刃物を用意してストレスなく気持ち良く削ってあげることが大切」。横手さんは、加工時のコツをこう語る。同時に、自身が習得してきた刃物の製作技術の大切さを示してくれた。

理屈がわかって仕事がおもしろくなる

横手さんは出身校の先輩の紹介で、1997年に入社した。当時の職場は職人堅気の技術者が多く、加工技術を手取り足取り教えてもらうことはなかった。初めは先輩職人の指示通りに作業を進めることで精いっぱいだった。が、自身で失敗の原因を分析したり解決策を考えたりすることを繰り返し、技術や知識を身に付けた。

「なぜ、そうなるかという理屈がわかり始め、自分のイメージ通りに製品が仕上がるようになりました。同時に仕事がおもしろくなったことを実感しました」。横手さんは、若手の頃に芽生えたやりがいをこう振り返る。

江商螺子では現在、技術レベルの向上に向け普通旋盤作業の国家検定 技能検定試験を奨励している。初回の受験料を会社が負担するほか、1級に合格すれば手当を支給している。現在、横手さんを含め計7人の1級機械加工技能士を抱える。また、10年ほど前から技術継承を目的にマニュアルづくりにも取り組んでいる。技術者それぞれが改善や失敗事例をできるだけ文章化し、職場での共有を図っている。

社内で一人前と認められるには10〜15年程度を要するとされ、若手技術者には厳しい道のりかもしれない。「あきらめずに根気強く続ける。それしかない」と強調する横手さん。年齢に関係なく切磋琢磨しながら会社全体の技術レベルの底上げを図り、安心して長く使える長尺ねじを世に送り続ける。これに向かって日々、技術を磨きあげる環境が江商螺子には根付いている。

INTERVIEW
わが社の魅力を語る

代表取締役
白土 渡 さん

人の力で生み出すねじの良さを発信して需要拡大を

いわゆるボルトやナットではなく、丸棒状の金属にねじ山を付加した特殊ねじを製造しています。最新鋭の工作機械を用いて製作しますが、特殊かつ一品物という性格上、技能や経験といった「人の力」への依存度が高いです。当社ならではの特徴と言えるでしょう。

当社の製品のうち比較的なじみのある用途として、2013年に完成した東京・歌舞伎座の舞台装置があります。廻り舞台のセリの昇降を担う機構部で当社の14mの特殊ねじが採用されており、駆動時に音が発生しないうえ停電時に降下しないといった利点があります。今後はこれまで以上にねじの良さを広く発信して、国内外で需要を拡大したいと考えています。

会社DATA	
本社所在地	大阪府八尾市新家町2-1-1
設　　　立	1959年6月（創業：1949年10月）
代 表 者	代表取締役 白土 渡　資本金：3,100万円　従業員数：23名
事 業 内 容	特殊ねじ・スクリュー製造
主な支援制度	技能検定受検の奨励と手当の支給
U R L	http://www.gosho-screw.jp/

▽ 株式会社工進

農作業の効率化などに貢献
——エンジンポンプでシェア No.1、発電機・除雪機など新商品で市場創造

ここに注目！
- ◉ 1 つの製品を最後まで任されることでモチベーションが向上
- ◉ 徹底した現場主義、顧客の声を直接聞くことが成長の糧に

スコップで雪かきの体験も

「関西出身なので、スコップを持っての雪かきなどしたことがありません。除雪がいかに大変か、よくわかりました」

商品開発部の藤川遼さんは、意外な体験を話す。

藤川さんは 2013 年に新卒採用で工進に入社した。理工学部でシステム工学などを学び、卒業後は地元関西のメーカーに就職したいと考えていたという。工進を選んだのは、会社説明会で「やる気のある人には、若手であっても仕事を任せる。失敗があっても構わない」と言われたこと。また「1 つの製品を最初から最後まで任せる」とも言われたことがきっかけ

となった。モノづくりの醍醐味が味わえる会社と感じたのである。

同社の新入社員研修は、入社後 2 ～ 3 カ月をかけて、製造部門や営業部門など各部門の業務をひと通り学ばせるかたちで実施している。藤川さんも各部門で研修を受けた後、希望していた商品開発部に配属となった。エンジンポンプや発電機などの開発に携わった後、2 年ほど前から除雪機の開発を任されている。除雪機の製造は、農業用が多く春夏に出荷時期が偏りがちな商品構成を是正するため、手がけることになった新規事業の 1 つだ。

「最近私が開発したのは、積もった雪を回転する歯で砕いて飛ばす小型のタイプ。低価格で性能がよ

く、小回りが利くのが特徴ですが、今までにない商品なので受け入れられるかどうか、何度も雪の多い地区へ市場調査に出かけました」。これまで手作業の大変さを身を持って体験したり、除雪機の販売店や除雪作業員に話を聞いたりしてきた藤川さん。「『あなたは雪国のことをわかっていない』と言われたこともあります」。こうした厳しい声も聞きながら、改良を重ねていったという。それだけに、評価してもらった時の喜びも格別だったようである。

「これからは少子高齢化が一層進み、地方の過疎化も深刻になっていくと思われます。皆さんに楽に除雪作業をしてもらえるよう、さらに改良を重ねていきたいと思

▲新規事業となる除雪機の開発を担当する藤川さん

▲田畑の散水などで使えるエンジンポンプ

▲タンクキャリー付エンジン式
　小型動噴

▲プロユースに耐えるインバーター発電機

います」と話す藤川さん。「除雪機と言えば工進」と世間から言われるようになるのが夢だ。

海外売上比率7割を目指す

同社のビジネスの特徴は、商社を経由しない直取引と徹底した現場主義にある。「営業担当者も開発担当者も、お客様のところまで足を運び、お客様に寄り添う姿勢を示すことが大事です。現場に行くことで、色々な声が聞け、思いもよらない使い方や、わからなかったことも見えてきます」と、小原英一社長は話す。藤川さんの雪かき体験が、まさにそうだ。除雪の大変さを身を持って感じたからこそ、楽に除雪ができる機械の開発にこぎつけられたのだ。

従業員を大切にする姿勢が、同

社の伝統である。希望する部署で働くことができ、「大企業に負けない給与水準を維持している」と、小原社長は強調する。また、「朗らかで楽しい和やかな職場を築く」と経営方針にある通り、女性にも働きやすい職場環境づくりに心がけている。従業員のうちの男女比はほぼ半々。機械メーカーとしてはめずらしく、女性の比率が高い会社である。

「極めて家庭的な雰囲気の会社ですが、仕事は厳しいです。1つの製品を最初から最後まで任せられるので、何でもやらなければなりません。その分、やりがいは大きいです」と語る小原社長。「今後は新製品の開発と海外市場の開拓に力を入れて経営規模を拡大し、長期的にはグループで年商

1000億円を目指します」という。現在のおよそ7倍の規模だが、大きな目標は従業員のやる気につながる。事業の新たな柱として発電機や、海外向けのポンプなども市場創造でまだまだ需要拡大が見込まれるため、達成不可能な目標ではないと、小原社長は考えている。

海外売上比率はまだ35%程度だが、これを7割に引き上げる計画だ。ポンプなどを担当していた時期に何度も海外に足を運んだという藤川さんも、「自分がいま開発を任されている除雪機を、まだ普及が進んでいない国に広めることができれば」と、雪の多い国へ雄飛する日を想像している。

INTERVIEW
わが社の魅力を語る

代表取締役社長
小原 英一さん

従業員教育体制の整備にも注力します

工進はエンジンポンプと噴霧器が主力のメーカーです。エンジンポンプでは世界No.1のシェアを誇っています。最近では発電機や除雪機など、先代社長の時期に開発した製品も伸びています。第1次オイルショックで国内需要が冷え込んだ時から、海外に目を向けて市場開拓に取り組んできたため、海外にも強い販路があるのが当社の大き

な特徴です。今後も徹底した現場主義でニーズを吸い上げ、技術力の強みを生かした新製品の開発・販売に力を入れていきます。

会社の成長とともに、従業員にも成長してもらいたいと考えており、教育体制の整備にも努めていきます。

会社DATA

本 社 所 在 地：京都府長岡京市神足上八ノ坪12
創　　　　業：1948年2月
代　　表　　者：代表取締役社長　小原 英一　資本金：9,800万円
従 業 員 数：250名
事 業 内 容：ポンプ・噴霧器の製造及び販売
U　R　L：https://www.koshin-ltd.jp/

▽ 株式会社ゴードーキコー

技術開発に力点置きニーズに応える
——スリッターを設計からメンテナンスまで幅広い業種に提供

ここに注目！
- 株主を社員から求め、経営のスピード化を図る
- 社員同士の「総選挙」で優秀社員を選ぶ試みも

得意先に教えられることも多い

2019年に創業40周年を迎えたゴードーキコー。同社は記念事業として、一風変わったイベントを実施した。経営陣を除く社員全員を対象にした「総選挙」。女性アイドルグループのようなこの催しを、全社員による投票で実施し、「会社の理念に基づいて行動している社員は誰か」を決めたのである。

最多の票を集めたのは、一般社員ではテクニカルチームに所属する河端凌さん。役付き社員では電気設計チーム・チーフエンジニアの本井利季さんだ。本人に選ばれた理由を聞くと、河端さんからは「やる気の強さを感じてもらえたのでしょう」、本井さんからは「お客様目線で考えたことを積極的に情報発信していったことが評価されたのかもしれません」という答えが返ってきた。

河端さんは2015年、工業高校を卒業してすぐに同社に入社した。会社訪問時には「社員全員が高校生の私にも笑顔であいさつしてくれたこと。自動制御機械やドーム型クリーンルームを見て感じる近未来的な技術が印象に残りました」と話す。入社の決め手となったのは、担当者に「高校生の私に何が求められているのでしょうか」と尋ねたところ、「やる気です」と即答されたことだそうだ。学力や技術力よりまずは高いモチベーションを求めているという回答に、この会社なら一社会人として成長できると考えたのである。

現在は、組み上がった機械の調整やメンテナンスなどの仕事を任されているが、入社直後は先輩社員の教育を受けながら組立の仕事に携わった。しばらくは作業ミスや時間のロスばかりだったという。てんな河端さんにとって転機になったのは、先輩社員からかけられた「自分が買う車だと思って機械をつくろう」というひと言。「熱い思いを持って仕事をすることの大切さを再確認しました」と振り返る。

一方の本井さんは、2006年に大手の自動車部品メーカーから転職してきた、設計畑一筋のベテラン技術者である。「大手企業ではなかなか自分のやりたいことができない。規模が小さくても理念がしっかりしている会社の方が豊かな人生になる」と考え、知り合いがいるゴードーキコーに移ってきた。

現在は、電気設計の仕事に携

▲出荷前にスリッターの調整を行う河端さん

▲誰もが操作をしやすい設計を心がける本井さん

▲お客様から絶賛、社員自慢の美しい職場　　▲設立40周年を記念して実施した「総選挙」

わっているが、「電気系統に限らずお客様にここを改善してほしいと言われるたびに、自分は会社の代表として応対しているのだと考え、全身全霊でご要望を受けとめています」と話す。得意先に教えられることが多いようだ。

全員経営で組織を強化

同社はプラスチックフィルムなどの切断・巻き取りをするスリッターのメーカー。これまで積み重ねてきた実績があり、取引先は数百社に上る。「広く」よりも「深く」を追求し、新規の顧客開拓を積極的に行わない代わりに、技術者が得意先の要望を聞き、高品質の機械を設計から製造、メンテナンスまで一貫して提供することで、顧客の信頼を得るというスタイルで

ある。これが、すなわち「顧客とのコミュニケーションを密にして、最高品質の製品を届ける」という「ゴードーキコーイズム」である。

もう1つのゴードーキコーイズムは人材育成である。社員教育は基本的にOJTだが、ベテラン技術者による技術講習会を開いているほか、グループウエアを使ってミスが起きた原因などを可視化し、社員全員でその知識を共有するということも進めている。

同社がユニークなのは、現役役員と「経営改善に関する発信の多寡」という基準により選抜された現役社員が同社の株式を100％保有していること。6人の技術者が理想を追い求め、他のオーナー企業から独立する形で創業したという経緯を持つ同社には、オー

ナーはいない。「株主全員で経営の指針を決め、社員全員で行動する、まさしく全員経営」と沖野重知社長は言う。この制度が経営のスピードを上げ、組織強化につなげているようである。

得意先に教えられ、社員同士が切磋琢磨し合うことで、成長していける企業であることは、河端さん、本井さんの話からもわかる。本井さんは「高齢者や女性など、誰でも操作できる機械を設計して、雇用の創出に寄与したい」と語る。河端さんも「自然災害などで止まった機械をいち早く動かせるよう我々しかできない復興支援を全力で取り組み社会に貢献にしたい」と話す。ダイバーシティの活用や災害対応など、今日の課題に絡めて抱負を語る姿は頼もしい。

I N T E R V I E W
わが社の魅力を語る

代表取締役社長
沖野 重知さん

事業規模を拡大していきたい

ゴードーキコーはスリッターの専門メーカーです。6人の技術者が創業したという経緯もあり、技術開発を重視する姿勢を貫いてきました。量産型ではなく完全な単品受注生産で、設計から製造、メンテナンスまで一貫して提供します。おかげさまで「技術力・対応力が他に類を見ない」という高いご評価をいただいています。

得意先の業種も多岐にわたっており、年間50〜60台くらいの機械を安定して出荷していますが、今後は社員に未来への希望を持たせ、モチベーションを高めるためにも「身の丈経営」から逸脱しない範囲で事業規模を少しずつ大きくし、働く社員の理想形をどこまでも追い求めていきたいと考えています。

会社DATA	
本社所在地	京都府久世郡久御山町田井西荒見17-5
設　　　立	1979年7月　**代表者**：代表取締役社長　沖野 重知
資 本 金	4,550万円　**従業員数**：69名
事 業 内 容	GDスリッター設計・製造・販売
主な支援制度	資格取得支援
U R L	http://www.godokiko.co.jp/

三和コンベア株式会社

オンリーワンの省力化機器メーカー
——初心者でも成長できる場を用意

ここに注目！
- ◉ 外部の講習会にも自ら参加できる環境を提供
- ◉ 1カ所に各部署が集まり、幅広い経験が積める

変わったことをしている企業

「そもそも文系からのスタートだったので、何をするにしても成長できていると思います」

こう話すのはコンベヤーなど省力化機器メーカーの三和コンベアで入社4年目の桜井玲さん。機械と電気関係の設計を手がけている。

大学の経済学部出身の桜井さんが入社したのは2016年。もともとメーカー志望で、地元の関西で就職活動をしていた。その頃、登録していた就職支援会社の紹介で三和コンベアを知った。ただ、当時はホームページ上に情報があまり記載されておらず、工場見学で現場を訪れて入社を決意した。

「省力化機器のコンベヤー以外の製品も手がけていて、工場で設備設計から製缶・塗装・組立・出荷まで一貫してできるのがおもしろい。こう思ったのが入社の決め手でした」

就活で企業研究をすると、製造業は設計や営業、製造とそれぞれ違う拠点で行っているところが多い。こうした点に、桜井さんは「全体像が見えづらい」と感じていたため、工場を見た際の新鮮さはなおさらだった。また、三和コンベアでは過去に、ギネス世界記録に認定される大型地球儀時計を製作していた。「変わったことをしているのも興味があった」と、こうしたチャレンジングな製品を手がけていたのも入社を後押しした。

一品料理を学べる最適な職場

三和コンベアの製品は、竹内良文社長が「一品料理」と表現するほど案件ごとに同じモノはない。設置先の工場や倉庫によって仕様や形状が異なるため、設備の設置場所を下見し、状況を把握したうえで図面を作成していく。また、金属加工に必要な曲げ加工や溶接、組立のほかに電気配線工事や設備のプログラム設計、メンテナンスを一手に担う。

入社後、工場に配属された桜井さん。現場を1年間体験したことで会社の全体が見えたという。そのうえで「どんな業務をしたいかを考え、自分の頭で形状や機構を考えてつくれる設計を志望し

▲機械・電気設計に従事する桜井さん。製缶・塗装・組立・出荷まで一貫して行える点に魅力を感じ、入社を決めた

▲食品工場向けベルトコンベヤ

▲ギネス世界記録に認定された大型地球儀時計

▲システムインテグレーションを手がけたエンジンの把持ロボット

た」。その後、希望が叶い、2年目からは機械設計、3年目からは制御盤やラダー図など電気設計の仕事も兼ねる。担当する設備数はその時々で変わり、1カ月に2つ作成することもあれば、2カ月をかけて1つの設備に当たることもある。

桜井さんはモノづくりの経験がゼロで、イチからのスタートだったが、これまでの仕事を通じて自らの成長に手応えを感じている。「工場が1カ所なので、部署を超えて大体の人と面識ができ、質問すれば教えてくれるので勉強ができました」。

何でも先輩に聞ける職場

会社ではCADの操作講習やモノづくりセミナーなど、外部での知識吸収の場を提供しており、これらを通じて得られた「引き出しを持っているのは自分のためになる」と感謝する。

自らも仕事で学んだことの復習は欠かさず、ノートに「書きすぎじゃないかというくらいに残していた」ほど。書いた内容を見返すことで「質問内容が変わってくる。『これどうしたらいいですか』と先輩に聞いても、質問内容が変わっているので教える方は大変でしょう」と桜井さん。先輩には面倒をよく見てもらっているという。

工場や倉庫の省力化機器をつくるため、普段は目にとまることはないが、「自分が関わった生産ラインでつくられた車種を町中で見かけた際にやりがいを感じる」と語る。竹内社長も桜井さんの働きぶりを「何事にも熱心で自分から学びに行く好奇心がある」と期待を寄せる。

ただ、桜井さんは現状について「先方から『こうしたい』と言われたときに対応できるスキルはまだまだ。自分の中に経験という引き出しをたくさんつくり、先方のためにすぐ対応できる人材になりたい」。そのための自己研鑽を前提としつつ「愚直に頑張っていきたい」と前を向く。

I N T E R V I E W
わが社の魅力を語る

代表取締役社長
竹内 良文さん

世界に1つだけの製品をつくれる会社です

三和コンベアは、自動車工場や物流施設などで使う搬送装置や立体倉庫といった省力化機器を手がけています。私どもの製品は一品一様の唯一無二な製品を開発し、客先に納めています。

社名のようなコンベヤーのみに製品は限定されません。社員一同ユーザーを満足させることを念頭に技術開発しながら60年以上ノウハウを蓄積して

きました。これからも信頼を得ながら「三和コンベアは大丈夫」という安心感を持ってもらえるよう、お客さまの気持ちが理解できる人に成長してほしいと思います。また、世界に1つしかない「オンリーワン製品」をつくる醍醐味を味わってほしいです。

会社DATA

本 社 所 在 地：兵庫県小野市復井町955
設　　　立：1957年5月　**代表者：** 代表取締役社長　竹内 良文
資　本　金：6,400万円　**従業員数：** 70人
事 業 内 容：各種コンベアならびに省力化機器の企画・製造
主な支援制度：各種技能免許取得制度
U　R　L：http://www.sanwa-conveyor.co.jp/

▽ SEAVAC 株式会社

創業 70 周年を迎え表面処理業界でトップを目指す
──独創性の高い研究スタッフが技術開発を推進

ここに注目！
- ◉ 常に独創性を求め、試行錯誤を繰り返す楽しさのある開発
- ◉ 個の特性を踏まえつつ自立を促す風土

「大学院で DNA を研究していた人が、なんで…？ お客さんからよくこっ个思議がられます」

こう苦笑しつつ話すのは技術部生産技術課の池田勇太さんである。SEAVAC で金属表面処理などの研究に従事している。

表面処理は、熱や蒸着などにより耐摩耗性や耐食性、耐酸化性など素材表面に異なった性質を付加する処理。SEAVAC には装置製造部門と受託加工部門があり、装置製造から受託加工まで一貫した高い技術力を有する。これまでに数百社以上に上る顧客との取引があり、こうした実績が同社の技術力をさらに強固なものにしてきた。

池田さんは目的とする最適な膜形成に向け研究開発に取り組んでおり、その要素技術の確立を日々模索している。「結果を予想して試行錯誤を繰り返す楽しさ」は、分野は違えども DNA 研究に通じるところがあり、池田さんはやりがいを持って取り組んでいる。

各人の自立を求め、促す風土

池田さんは 2016 年に入社した。分野の異なる SEAVAC に入社したきっかけは、清水博之社長からのひと言だった。

「大学で学んできた取り組み方や考え方を生かしてほしい。知識は後からでいい」

同社を理解するにつれ、表面処理が身近な製品で多用されていることを知り、自身の視野と知識が広がるのではとの思いから入社を決めた。

最初の配属先は京都工場。工場内ですれ違う先輩から挨拶をされたり話しかけたりするたびに「体育会系のようなノランクな雰囲気」を感じ取り、すぐに職場に馴染めたという。ここでの業務では、顧客の依頼にもとづき製品の仕分けや検査、出荷など。また、各種コーティング装置を用いての表面処理も経験した。「1 つひとつの仕事が新鮮で、感動の連続でした」と池田さんは振り返る。

現在の部署に異動したのは入社 4 年目の 2019 年。新たな部署で池田さんの精神的支柱となっているのが職場の上席であるマネージャーの佐藤慎一郎さんである。佐藤さんは入社 17 年目の中堅社員。当初は、久しぶりの若手の配属に頭を悩ませたという。理由は、型通りの研修ではなく、池田さん

▲日々、最適な膜形成に向け研究開発に取り組む池田さん

▲ SEAVAC が手がけた表面処理の一例

▲マネージャーの佐藤さんは
池田さんの精神的支柱

▲池田さんは自身が成長できた理由の
1つに上司との距離が近い点をあげる

個人の特性や能力に適した指導により「自立」を促すことを模索していたからだ。

SEAVAC では独創性を追求する研究案件が多く、各担当がそれぞれの開発テーマに取り組んでいる。ゆえに各人が開発成果を出すためには自立した取り組みが求められる。池田さんは、最近は研究テーマを巡って「佐藤さんと間々議論になることがある」としており、こうしたところに自立の一端が垣間見える。また「上司との距離が近く、自身の提案を聞いてくれる」と自身の成長を促した要因として職場の雰囲気の良さを付け加えてくれた。

自立的に研究開発に取り組む姿勢

現在の目標として「新たな機能を有する膜の開発」を掲げている。しかも、1年後という短期間である。そのために外部の講演会に参加したり工場の現場で情報収集をしたり、さらには、同社の米国拠点への出張を兼ねて米国での関連学会に参加したりするなど精力的に情報収集に取り組んでいる。そんな現在の池田さんを、佐藤さんはこう評価する。「生産技術課に配属されて数カ月にもかかわらず、細かな指示がなくても自立的に研究活動に取り組めるようになった」と。

SEAVAC における顧客との共同開発は、通常は短くても2年程度を要するという。それだけに池田さんの目標は非常に高い。それでも、佐藤さんはかつて自身が経験したように「共同開発が成功した際に顧客から寄せられる感謝の声を経験してほしい」。さらには「成功後に異なる企業の担当同士が認め合ったときの充実感を味わってほしい」とエールを送る。

2019年の生産技術課のトピックスの1つに新たな研究開発装置の導入がある。従来は製造現場の装置を間借りして研究開発をしていたが、大幅な効率化が期待される。「これからは受け身ではなく、こちらから顧客に提案する研究開発に改めていきたい」。こう力を込める佐藤さん。当然、池田さんにも求められており、培ってきた自立性を支えに、さらなる成長が期待される。また、1人ひとりの自立が強い技術をつくり、顧客ニーズに応え、SEAVAC を業界トップに押し上げる要因になっていると感じられた。

INTERVIEW
わが社の魅力を語る

代表取締役社長
清水 博之 さん

考えたことを形にする楽しさを味わえる会社

SEAVAC は金型や機械部品の熱処理、PVD などの表面処理の受託加工とその機械設備の内製を行っています。表面処理の技術は同じ素材で同じ装置を使って処理をしても出来上がりは、異なる独特の「レシピ（様々な条件の組み合わせ）」で大きく異なります。現在は、自動化の流れも含めてそのレシピの開発に一層注力しようとしています。

知識だけでなくアイデアや体力など多彩で幅広い人材に活躍してもらえる職場が当社にはあります。各担当で開発目標は異なりますが、自身が考えたことを形にする楽しさを味わってほしいです。お客さんならびに従業員とともに創業100周年に向け表面処理業界のトップを目指していきます。

会社DATA

本社所在地：兵庫県尼崎市杭瀬南新町1丁目12番6号
設　　　立：1958年9月（創業：1949年2月）
代　表　者：代表取締役社長　清水 博之　資本金：6,300万円　従業員数：117名
事業内容：表面処理の受託加工、表面処理装置の製造・販売
主な支援制度：資格取得支援、講習会、社内勉強会
U　R　L：https://www.seavac.co.jp

機械・金属

環境・エネルギー

商社・サービス・印刷・映像

ゼロ精工株式会社

欠陥ゼロ・ミスゼロの仕事で超高精度加工を実現
——成長する若い技術者が最新設備を巧みに操作

ここに注目！
- ◉ 若い技術者と最新設備で複雑かつ精密な加工に対応
- ◉ 習熟の早い技術者が社を支える大きな力に

高度な若手技術者と高精度の生産設備

　ゼロ精工は、ミクロンオーダーの油圧機器や航空機関連の精密部品などの製造を手がける。同社の合言葉は「Zero Defects with Accuracy」。精度の高い製品を正確につくることで欠陥を「ゼロ」にし、かつ製品への信頼とサービスを高め、仕事上のミスやロスを「ゼロ」にするという試みである。これらを具現化した技術力は顧客から高い評価を得ている。ほぼ口コミでの評判で仕事の引き合いが増えているほどだ。

　その支えとなっているのは、CNC旋盤やマシニングセンタをはじめとする最新設備と、これらを巧みに操作する若い技術者た

ち。2010年に入社した貞宏明さんもその1人である。

　工業高校卒の貞さんは、高校生による工業技術・技術を競う「高校生ものづくりコンテスト近畿大会」で旋盤作業部門2位の実績を持つ。どのモノづくり企業も欲しがるような即戦力の人材だ。それでも「1人ひとりの社員に配慮が行き届き、大切にされている」という印象がゼロ精工への入社を決意させた。

　入社後の配属先は自動加工課。工業高校時代に慣れ親しんだ汎用旋盤ではなく、NC旋盤などが多数設置されており、その操作系の違いに戸惑ったという。本来であれば、現場の先輩にアドバイスを求めるところだが、当時は「素直に先輩のアドバイスに耳を傾ける

ことができなかった」と振り返る。コンテスト2位という実績が指導を受ける妨げとなっていた。

　転機となったのは、仕上加工課に異動した1年後のこと。ここではセンタレス研削盤などを用いて研磨加工を行う。同研削盤では砥石と調整砥石の間にワークをセットし、ワークの回転と送りを調整しながらワーク外周を研削して、より真円に仕上げる。以前の旋盤と違い、操作経験がまったくなかったため、さすがに周囲のアドバイスなしには作業を進められなかった。「砥石の使い方などイチから教えてもらった」という。

　このように、先輩のアドバイスを受けつつ試行錯誤を繰り返すことで、貞さんが納得できる研磨加工が行えるようになったのは約

▲工作機械を巧みに操作して高精度加工を実現する貞さん。ゼロ精工では貞さんのような多くの若手技術者が現場で活躍している

▲技術力にデザイン力を融合したクラフト事業もあり、金属製ステーショナリーグッズの企画・製造・販売も行っている

2年後。いまでも日々勉強のようで、「どうすればもっと早く研磨加工が行えるのか」と試行錯誤を繰り返している。時にはNCプログラムの見直しが生産性の向上につながり、3倍の生産性に向上できた経験もあるという。こうした「成果が現れるのが楽しい」と思えるほど、いまでは研磨加工の奥深さにのめり込んでいる。

若い技術者の成長が社の力に

貞さんは現在、2名の後輩技術者に研磨加工を指導する立場となっている。「それぞれの性格などを踏まえつつ指導に当たっている」としつつも、「向上心さえあれば先輩の話を素直に聞き、技術力を高められるはず」とエールを送る。かつては、アドバイスを素直に聞けなかった貞さんだったが、これができるようになり、試行錯誤を繰り返すことで自身が納得できる研磨加工が行えるようになった。こうした経験を踏まえた、説得力のある言葉だ。

そんな貞さんは「もっと扱える加工機を増やしていきたい。加工機の動作速度を向上することで生産性をより高めたい」と、さらに前を向く。後輩から刺激を受けつつ、より一層、自身の技術に磨きをかける姿勢が伝わってくる。

ゼロ精工には毎年、1～2名程度の新卒入社がある。そのほとんどが貞さんと同様、工業高校の出身者で、高校の普通科の出身者もいる。一方、生産現場にはシチズンマシナリー製CNC自動旋盤や、中村留精密工業製NC旋盤、ヤマザキマザック製マシニングセンターなど操作系の異なる多様な機種が並ぶ。しかも、毎年のように最新設備が導入される。そのため、訪問する顧客からは「操作教育だけでもたいへんでしょう」と言われるという。が、佐藤雅弘社長は「若い社員の理解と習熟の速さには驚かされる」と、社員の確かな成長を感じ取っている。もちろん、貞さんように試行錯誤があっての成長であろうが、これが確かな技術力となり、ゼロ精工の高い評価につながっている。

INTERVIEW
わが社の魅力を語る

代表取締役社長
佐藤 雅弘さん

若い技術者が日々成長し、活躍するモノづくり企業

ゼロ精工はフォークリフトのアームに使う油圧機器用の精密部品などの製作を手がけています。前身の会社は不動産投資の失敗から事実上の破綻状態に陥りしましたが、社員が一致団結して立て直し、当社の設立に至りました。こうした経緯もあり、国内外からの訪問が絶えません。工場を見学されて、まず驚かれるのが若い技術者が多いこと。平均年齢は30代前半くらいでしょう。特に若い世代の成長には日々驚かされます。

最近は、航空機関連部品も多くも手がけるなど事業の幅を拡大していますが、「日本にもこんなすごい会社があるんだ！」と技術で評価され、驚いてもらえるモノづくり企業を目指したいです。

会社DATA	
本社所在地	兵庫県尼崎市南初島町10番135号
設　　　立	2004年10月　代表者：代表取締役社長　佐藤 雅弘
資　本　金	2,500万円　従業員数：68名
事業内容	各種精密部品の製造・組立
主な支援制度	厚生労働省の若者の採用・育成に積極的な企業を対象にしたユースエール制度に認定
U　R　L	https://www.zero-seiko.com

環境・エネルギー

商社・サービス・印刷・映像

東亜精機工業株式会社

高精度の治具で基幹産業を支える
——専門メーカーとして製造現場の効率や品質向上に貢献

ここに注目！
- ▶ 部門間の連携とチームワークで品質をつくり込む
- ▶ 「人間教育」に軸足を置き、魅力ある会社を目指す

モノづくりの現場では、部品や工具の作業位置を指示・誘導するために用いる器具が当然のようにある。すなわち「治具」である。多くの工場では加工や組立、検査など同様の作業が繰り返されるが、治具を用いることにより、高精度でバラツキがなく、早く作業が行える。東亜精機工業が手がける治具は、自動車や建設機械など国内基幹産業のモノづくりを支えている。

製造部 加工グループに所属する小谷洋介さんは、治具を構成する部品の仕上げを担当し、主に穴加工を任されている。最新鋭の工作機械を使って、穴の大きさや位置を図面通り正確に加工していく。その後、加工した部品は組立・調整工程へと進む。小谷さんが現在使っている工作機械は 1/1000mm 程度の高精度加工が行える。ただし、気温の変化など加工環境の変化に伴いワークの寸法に変化が生じることがある。「例えばワークの置き方をわずかに変えるなど、要求精度を達成できるよう常に考えながら作業場に立っています」。小谷さんは穴加工へのこだわりをこう説明する。

チームワークが強み

東亜精機工業では、顧客の要望に応じて治具の設計から製作、組立、調整までを一貫して手がけている。社内では 20 〜 30 代の若手が活躍する一方、2012 年度に大阪府の「なにわの名工」に認定され、現在は取締役製造部長の岡村博さんら熟練工も多く在籍する。

治具を構成する部品点数は限られるが、部品 1 つひとつにわずかなバラツキがあれば、組み上げた際に累積し、要求精度を達成できない場合がある。ゆえに、各製造工程での品質のつくり込みが重要になる。同時に、普段から部門間を超えたコミュニケーションも求められる。そこで、小谷さんは日々組立手順や、組立後に生じると想定される歪みなどについて情報交換するほか、熟練工から仕上げ作業へのアドバイスをよく受けるという。

「部品のどの部分を組立作業時の基準面にするかを踏まえたうえで、仕上げ作業を行わなければ精度がでません。岡村さんのような熟練工が部品の締結具合や微妙な位置調整により高精度に仕上げてくれますが、大前提として部門間のコミュニケーションがあってこ

▲加工環境を考慮しながら工作機械への位置決めを調整する小谷さん

▲5軸加工用治具。同社の治具は自動車や建設機械などで多用されている

▲加工した部品を確認する小谷さん穴加工へのこだわりは人一倍強い

▲チームワークの良さが東亜精機の強みと小谷さんは強調する

そ。チームワークや人間関係の良さがうちの強みでしょう」。小谷さんは職場の特徴をこう語る。

その小谷さんは知人の紹介で、2008年に中途入社した。製造部からスタートし、2年目からは仕上げ班に配属され、現在に至る。入社当初は先輩によく怒られたというが厳しいとは感じなかった。むしろ、「一生懸命教えてくれている先輩の期待に応えなければならない」という思いの方が強かったという。また、「先輩から『精度が出とったぞ』と言われると、先輩の教えを守ってよかった。これで独り立ちができ、自信にもなった」と続ける。

入社以来、小谷さんの成長を見守ってきたのが、採用にも関わった顧問の漆﨑健二さん。学生時代にサッカーに打ち込んでいたことを踏まえ、こう評価する。「サッカーのような団体競技に関わっていたからでしょうか、相手の気持ちを汲み取る能力に長けている。また、常に挑戦しようという意欲を持っている」。はや入社10年が経過し、頼もしい存在となっているようだ。

毎週全社員で職場を清掃

「治具づくり全般を見渡すことができ、かつ一芸に秀でる」

東亜精機工業では、このような人材育成をテーマに掲げている。若い世代への技能継承を進めるとともに「人間教育」にも力を入れる。その一環で、毎週金曜日の終業前には全員で職場の清掃に取り組むほか、全社員を対象にしたビジネス研修会などを年2回ホテルで実施している。

「『東亜精機工業しかない』と顧客から選ばれる、独自の魅力を持った会社になるために、1人ひとりが能力や意識を高めていかなければいけない」と小谷さん。技術者として腕を磨くことはもちろん、新たに取り組んでいる医療分野など新規顧客の開拓につながるような加工を手がけたいとの思いも抱いている。

このように、1人ひとりの成長を促す環境が東亜精機工業にはあり、また、同社の強みの源泉となっている。

INTERVIEW
わが社の魅力を語る

代表取締役社長
十時 理祐さん

創業100年の節目に向けベテランと若手の力を融合

戦時中に航空機向け部品や検査・測定に用いるゲージ（工業用規範）を製作していた技術を生かし、戦後、治具製作を手がけるようになりました。その治具は一品ずつ受注生産で、顧客ニーズに応えてきました。長年の治具製作で培った技術力が当社の強みです。

2024年には創業100年の節目を迎えますが、企業として永続するためには熟練工が持つ技術をいかに次世代に継承していくかがポイントになると考えています。社内では人材の育成とモノづくり技術の探求を進め、ベテランの経験や知識と若手の柔軟さとやる気とを融合し、調和させることに力を注いでいます。

会社DATA	
本社所在地	大阪市東成区中道1-5-8
設　　　立	1944年5月（創業：1925年2月）
代　表　者	代表取締役社長　十時 理祐
資　本　金	1,630万円　従業員数：67名
事業内容	機械加工用治具製造
U R L	http://www.toaseiki.co.jp/

東洋バレル技研株式会社

バレル研磨加工業の重要性を発信し、存在感を高める
——次世代のプロフェッショナルを見すえる先見性

- 幅広い対象に用いられるバレル研磨のプロ集団
- 作業工程の細分化によって現場作業のイメージを刷新

バレル研磨加工業の
イメージアップ

「僕は2017年に入社して、2020年1月に製造部長になりました。子供ができるから安定した職に就きたいというのが入社のきっかけですが、とにかく社長も社員も明るい。毎日とても楽しく働いています」

こう語る竹内浩二さんが勤める東洋バレル技研は、社員10名の企業。少数であるが、別所長政社長が精力的に経営者の集まりや展示会に参加し、発信することで、バレル研磨加工業界でも異彩を放つ企業として注目を集めている。

同社は1975年に別所社長の父・別所正章さんが創業した。別所社長は元々ホテルマンとして海外で活躍しており、スイスのホテル学校を卒業した後、アメリカやカリブ海、シンガポールのホテルに勤務。ところが、26歳に帰国してまもなく父が糖尿病を患い、心身ともに不安定になったことから一念発起して会社を継いだ。

社員の協力もあり、2007年には過去最高の売上を記録。翌年にはさらなる増産に対応するために第2工場を建設した。ところが、2008年秋のリーマン・ショックの影響により会社は再び危機的状況に陥る。度重なる不運に「もう会社を畳んでしまおうか」と思っていた別所社長だったが、たまたま参加した経営者の集まりで気持ちを新たにすることになる。「中小企業は経営者によっていくらでも変われる」と。

その後、この言葉を胸に別所社長らはバレル研磨加工業界のイメージ変更を試みる。

1つは、業務および勤務体制の改善。具体的には、作業工程を細分化することで業務の効率化を徹底し、2019年10月には完全週休二日制を実現した。従来、バレル加工業をはじめ工場勤務は、朝は早くて夜は遅い。休日はほとんどないというイメージがあった。2018年に入社したばかりの藤谷幸照さんも「過酷な労働環境に違いない」と考えていた。しかし、このような改善により「昼過ぎにはその日の作業がほぼ終了。しかも完全週休二日制となり、工場勤務のイメージが大きく変わりました」と藤谷さんは続ける。

もう1つの取り組みは、バレ

▲協力してバレル研磨機にワークを供給する竹内さん（左）と藤谷さん（右）

▲東洋バレル技研は6台の研磨機で研磨加工を行う

▲研磨機に併設されている脱水乾燥機
同社の研磨加工を支える

ル研磨加工の重要性の発信。バレル研磨は、対象物と研磨石・研磨材、コンパウンド、水などが、すべり層の部分のみで相互運動を生じさせて研磨を行う。粗仕上げから光沢仕上げまで広範囲の研磨ができる。量産部品の仕上げを目的になされるが、超高精度を謳う機械加工などに比して、やや地味な印象がある。そこで、展示会に参加したり様々な企業に会社案内をDM配送したりすることで、バレル研磨の重要性の発信に努めてきた。

こうした取り組みは、社員に良い影響を与えている。バレル研磨の対象はアクセサリーや調理器具といった身近なものから建築金物や照明器具まで幅広い。「だからこそ、当社はバレル研磨を通じて社会に貢献できる」と竹内さんは胸を張る。

社員に誇りを持って仕事に従事してもらうという点で、別所社長の活動は成果を上げている。

誰もができるプロの技を

現在は、将来を見すえて「次世代のプロフェッショナル」の育成に取り組んでいる。特に別所社長が力を入れているのが「職人技をなくす」こと。前述した各工程の細分化も、次世代のプロフェッショナルの育成の一環という。

「今は様々な業界において職人技を守ることや職人を育てることが難しい時代。現場が職人頼りになると、バレル加工の質にも影響を及ぼします」。このような課題認識から至った考えであり、シス

テム面での工夫により「誰でもできるプロの研磨加工の技」の確立を見すえている。

そうした別所社長の熱意を受け、竹内さんは今後の目標をこう語ってくれた。「まずは作業工程のさらなる効率化に向け個々の能力を上げていきたいです」。また、藤谷さんは「当社のような仕事や考え方を、社長を通じて多くの人に知ってもらいたい」と続けた。

「中小企業は経営者によっていくらでも変われる」と決意した別所社長が牽引し、その背中を見てきた社員も変わることで成長してきた同社。次世代のプロフェッショナルの模索を通じて、さらなる変化と成長が促されると期待される。

代表取締役
別所 長政さん

1人ひとりに役割分担がある会社です

当社は1975年に創業以来、精密や自動車の部品、建築金物、照明器具など、金属・樹脂部品のバリ取りから酸化被膜除去や光沢仕上げまでバレル研磨事業を幅広く行っています。2018年にISO 9001を、2019年にISO 14001を取得しましたが、バレル研磨業界でこの両方を取得しているのは稀有であると自負しています。

また人材育成については、各種資格取得支援制度のほか、各工程を細分化することで一連の作業の流れを社員が把握しやすくしました。1人ひとりがバレル研磨のプロフェッショナルになれるよう、システム面の創意工夫にも取り組んでいます。

会社DATA

本社所在地：大阪市平野区加美東4-5-11
設　　　立：1977年10月（創業：1975年）　**代表者**：代表取締役　別所 長政　**資本金**：1,000万円
従業員数：10名
事業内容：金属・樹脂部品のバレル研磨、揺動式遠心バレル研磨機での加工
主な支援制度：資格取得支援制度
U　R　L：https://to-yo-barrel.com/

▼ 株式会社トーホー

ニッチトップを走る総合プレートメーカー
——機械や建物の"顔"の提供でモノづくりと社会を支える

ここに注目！
- ◯ 社長をはじめ社員の熱量が高い風土
- ◯ 失敗を恐れずチャレンジできる職場環境

機械や建物には高級感や美感を与える銘板、表示板が取り付けられている。これらを幅広く供給するトーホーは総合表記・プレートメーカーとして知られる。業界トップの大型エッチングマシンや大型印刷機、製版設備、表面処理装置、イオンプレーティング装置など最新設備を保有し、金属エッチング銘板、表記で圧倒的シェアを握る。

その製造現場で若手技術者として活躍するのが、製造本部第一製造部主任の浅井裕信さん。地元の工業高校を卒業した後、2013年に入社した。

第一製造部では金属銘板の最初の工程に相当する材料への焼き付けやエッチング（腐食）などを行う。例えばエッチング銘板は、金属板表面を薬品処理によりエッチングさせ、そこにできた凹部に塗料を入れて文字や線・図柄を表現する。浅井さんの主担当はエッチング作業で、若手ながら重要な役割を担っている。

浅井さんはもともと学生時代から製造業に興味を持っていた。就職活動を始めたタイミングで、トーホーから求人が来たことで面接を希望し、即入社を決意する。面接時の「社長と先輩社員のすごい熱量」が浅井さんの心を動かしたそうだ。

巧みな操作で
エッチングを担う

浅井さんは銘板の仕上げ加工を担当する第三製造部からキャリアをスタートさせた。手作業による切断加工や取付けに必要な穴開け加工などに従事し、約1年間の経験を積んだ。

「学校で学んだ品質のイロハを現場で実践できることに胸が躍りました。同時に、自分が手がけた銘板が世の中に供給されることに日々充実感をおぼえました」。入社当時の感動をこう振り返る。

現在の第一製造部に移籍して後は、OJTなどを通じてエッチングで使う薬品および薬品処理の知識を深めている。例えばエスカレーターの乗降口を形成するランディングプレートには、滑り止めを目的に微細で深耕な凹凸が付加されている。エッチングにより500μm程度の凹凸のパターンが形成されており、これを高品質で実現するトーホーには海外からの

▲薬品濃度の変化に気を配りつつエッチングマシンを操作する浅井さん

▲高輝度染色法を用いた
アルマイトエッチング銘板

▲重厚感のある真鍮鋳物銘板

引き合いもある。

エッチングを行う際は、処理回数に伴う薬品濃度の変化に気を配りつつ処理速度を調整したり、その際は、当日の気温など稼働環境を考慮してエッチングマシンを操作したりすることが求められる。五感に頼るところが多いこの一連の作業を、ときには先輩に優しく叱られながら体得してきた。とはいえ「まだまだ技術的にも未熟なのでもっと勉強をしないと」と浅井さん。先輩の背中を見つつ、さらなる成長を目指している。

伸び伸びできる環境が成長を促す

浅井さんは技術の習得のほか、常に心がけていることがあるという。営業担当に声をかけて顧客の声を必ず確認すること。

「自分が手がけた銘板が顧客から評価いただけるとうれしいですし、自信につながります。反対に、厳しい意見をいただいたときは苦しいですが、製造に関わった周囲に声をかけ、連携して改善を図ろうとする意欲にもつながります」。自身の技術を高めるうえで大切な心がけである。

声かけと言えば、同社の上村勝敏社長は全従業員に声かけをすることを日課としている。「返事からその日の社員の心身の状態がわかる」というのが理由で、明るく声かけを行うことでムードメーカーを買って出ている。上村社長の気配りがあり、トーホーの社内は常に明るく、熱量が高い。そんな社長に倣い、浅井さんは周囲に声をかける姿勢が身についたのかもしれない。

トーホーでは、ここ数年、毎年のように後輩が入社している。同じ工業高校の後輩も含まれ、浅井さんは「より一層技術に磨きをかけなければ」との思いを強くしている。そして「もっと様々な作業にチャレンジしたい」と技術の向上に意欲を見せる。

現在、職場の7割程度を、浅井さんをはじめ20～30代が占める。「失敗を恐れずに伸び伸びと仕事ができる環境はありがたい」と話す浅井さん。こうした環境が、上村社長の気配りも重なり、浅井さんら若手社員の成長を促し、チャレンジする職場になっている。

INTERVIEW
わが社の魅力を語る

代表取締役社長
上村 勝敏さん

機械や建物の "顔" を提供するトータルサプライヤー

当社は、世界で唯一と言える産業用銘板のトータルサプライヤーです。2020年に創業60周年を迎えます。銘板は、それを付ける機械や建物の "顔" となるだけに、品質はもちろん、コストや納期に至るまで顧客の要望に応えることが求められます。これまでも、そして、これからも大切にすることを当社のポリシーとしています。

子会社の印刷会社では街中の商業施設・再開発などに使う表記・案内板の製造もしており、東京・八重洲口では海外の言語に対応して約4,000枚を新たに供給しました。当社が供給する銘板の活躍の場は広がっており、このような仕事の醍醐味を理解し、熱意ある方の入社を待っています。

会社DATA	
本社所在地	兵庫県尼崎市西長洲町2丁目5番25号
創業・設立	1960年11月　代表者：代表取締役社長　上村　勝敏　資本金：4,940万円
従業員数	270名（グループ全体）
事業内容	シール印刷、スクリーン印刷、デジタル印刷など各種印刷ラベル・表記、エッチング銘板、アルマイト銘板、メタルフォト銘板など各種金属銘板など
主な支援制度	新入社員研修制度、外部研修制度への参加支援など
URL	http://www.toho-np.co.jp

株式会社中北製作所

バルブや機器で社会基盤を支える
——個別仕様のバルブづくりで顧客とともに成長

ここに注目！
- ◎ 設計・製造からメンテナンスまでワンストップで対応
- ◎ 顧客へのきめ細かな支援は全社一丸で実施

「製造や技術、品質保証の力は先人が築き上げてきた」。こう自社を語るのは、2019年8月に5代目トップに就いた宮田彰久社長。中北製作所は1930年の創業以来、バルブを中心とした流体制御システムの設計・製造からメンテナンスまで、顧客ニーズに対しワンストップで応えている。また、計装設計部の中尾敏昭部長は「当社の歴史は造船会社や重電プラントメーカーなど顧客とともに歩んできた」と説明する。大型タンカーなどに使われる船舶機器は多い。当初はバルブのみを手がけていたが、現在は制御全般を扱っているのが強み。舶用機器自体のラインアップが増えていることにも対応している。

お客様に育ててもらったからこそ客先へ

中北製作所が扱うバルブなどは約7割が舶用向け。その他に陸上用となるプラントでの調節弁やバタフライ弁、シリンダー弁などを手がける。

中尾部長が率いる計装設計部には約60名が所属。各開発担当はバルブの納品後も客先に頻繁に出向くという。「どうすればもっとお客様が使いやすくなるか」という問いを追求するためだ。また、宮田社長が話す「先人」は社内に加え、「お客様にも育てられた」という思いもあるからであり、開発担当が顧客を訪問することを大切にしている。これが中北製作所の社風でもある。

その計装設計部 計装二課に在籍する和田邦靖さんは2002年4月に入社した。電子工学科の卒業だが、以前から興味があった機械系企業に関心を抱いていた。設計部署の求人を見つけ、すぐさま中北製作所の門を叩いた。

現在、和田さんは発電所の制御弁の設計に携わる。広範囲な負荷条件に対応するために開発製品には高応答性などが要求される。加えて、顧客の要求仕様にもとづき1品ずつの設計が求められる。特注品であるがゆえ「それを具現化するための手腕が求められます」。和田さんはこう設計の難しさを説明する。一方で「早い段階から仕事を任せてもらえる風土がある」と語り、このような仕事へのやりがいが高度な顧客の要求に応えられる源泉となっている。

全体最適につながる意識づくり

設計業務はバルブ製造における

▲発電所の制御弁の設計などを担当する和田さん

▲製造現場を理解する中北製作所の設計力は高い

▲中北製作所の製品の一例
バタフライ弁（左）と荷役制御盤（右）

▲中北製作所の工場群。ここから高品質な製品を発信している

様々な工程に関与するため、他部門および他業務の理解も求められる。一方で、新規開発や生産効率化に向け新たな知識の獲得も求められる。ゆえに「設計の枠にとらわれない意識が必要」と語る和田さんは、「横断的に業務内容を理解したうえで開発に当たっています」。さらには、こうした姿勢が「社の成長にもつながっているのでしょう」と付け加える。

このような各人の意識づけに加え、組織としても働きやすさを追求し、いくつか改革を進めている。

1つは人材育成。現在は個人単位で目標設定を明確にし、定期的な面談を通じて各人の業務の把握に努めている。10年ほど前であ

れば、仕事は背中を見ておぼえるという人材育成でも通用したであろう。今ではこれを改め、「個人単位できちんと向き合い、指導に当たっている」と中尾部長は説明する。

2つ目は開発業務の進め方。前述のように顧客訪問などを伴うため、各顧客に対し専属の開発担当を配置していた。ただし設計業務では急な設計変更などがあり、このような場合、残業などで対応せざるを得ないこともある。現在は周囲が柔軟に支援できる体制に変更しており、臨機応変な応援要請が可能となったことで、より円滑な業務の遂行につながっている。

こうした変更を踏まえつつ和田

さんは自社の環境を次のように語ってくれた。

「昨今、過重労働などを強いるブラック企業の問題が取り上げられます。これに対し当社は『ホワイト企業』という自負があり、実際にそれを具現化する仕組みがあります。ゆえに、やりがいを与えてくれますし、働きやすい環境と言えるでしょう」

続けて「今後も全体最適を意識しつつ業務に当たりたいです」と話してくれたが、このように、1人ひとりの意識が高いのが中北製作所の特徴であり、今後のさらなる成長を感じさせられた。

INTERVIEW
わが社の魅力を語る

挑戦をテーマに開発力を磨いています

代表取締役社長
宮田 彰久さん

社是「進取発展」のもと、バルブや制御システムを中心に手がけています。当社は加速する時代の変化に対応するため、今を守りながら新しいことにもチャレンジする「挑戦」を大きなテーマに掲げており、従来から取り組むお客様の声をカタチにする製品開発に磨きをかけながら新たな技術開発に挑戦しています。そして、お客様に新

たな価値を提供する企業を目指し、社員1人ひとりがそれぞれの持ち場で責任を持って仕事に向き合っています。社員1人ひとりの成長に向けて、きめ細かな人材育成に取り組み、お客様からの信頼を得たいと考えています。

会社DATA

本社所在地：大阪府大東市深野南町1の1
創　　業：1930年5月28日　代表者：代表取締役社長　宮田 彰久　資本金：11億5,000万円
従業員数：500人
事業内容：舶用（バラストライン、タンカーのカーゴライン、機関室）および陸用（発電その他プラント）の流体制御装置となる各種自動調節弁、バタフライ弁、遠隔操作装置などの製造・販売
主な支援制度：自己研鑽に挑戦する人材を積極的に支援しており、外部資格の取得に係るテキスト代と受験費用を会社が負担する制度あり。また、昨年は個別に技術経営（MOT）修士取得希望者に授業料の支援を実施した。
U　R　L：https://www.nakakita-s.co.jp/

▽ 日新技研株式会社

開発力の強さを背景に環境保全に貢献
——送風機などを提案からメンテナンスまでのワンストップで提供

- ● 入社3年目で複合加工機操作の責任者に
- ● 新分野の開拓へ若手社員の柔軟な発想力を結集

外部の講習会も活用し研修

「マジかよ…」。製造部の坂井信之さんはうめいた。入社してまだ3年目。2019年秋に導入したばかりの複合加工機操作の責任者に選ばれたのだ。工場の内部を仕切る壁を打ち抜いて搬入したほどの大型機である。「言われたときは正直言って気が重かったです」と坂井さんは振り返る。

入社3年目の社員に大事な加工設備の責任者を任せた理由について、開発部部長の山元賢一さんは次のように説明する。「ベテランだとどうしても我流に重きを置き過ぎ、勘や経験に頼ってしまいます。加工精度を高めて製品の品質を上げ、納期も守るためには、

たえず数値を押さえておく必要があります。思い切って若手に任せた方がよいと考えました」。

坂井さんは工業高校から大学の理工学部に進み、「いずれはモノづくりの仕事に進みたいと考え、機械系の勉強を積んできた」生粋の理系人材である。大学卒業後は就職の機会に恵まれず、しばらく飲食店でアルバイトをしていたが、父親の知人の紹介で面接を受け、日新技研に入社した。

送風機や集塵装置などの製造を手がけるモノづくり企業に、念願かなって入社した。ところが、「正直言って、送風機や集塵装置などの産業・環境機械はまったく知らなかった分野。最初は簡単な組立の仕事から任されましたが道具の

名前すらわかりません。ミスばかりしていました」という。

製造技術は基本的に、先輩社員から手ほどきを受けるOJTで身に付けていく。ただ、「それだけでは仕事をおぼえ切れないので、外部の講習会などにも参加させています」と山元さんは社員教育の重要性を語る。坂井さんもそうして仕事をおぼえていった。

「大事な仕事を任された今でも、加工ミスなどはしてしまいます」と、頭をかく坂井さんだが、そんな坂井さんに対する山元さんの評価は良い。「言われたことは必ずやり遂げる。決して手抜きをしない社員」と。

これまでに様々な製品開発に携わってきた山元さんは、その製品

▲最新の複合加工機を用いて様々な加工を行う坂井さん

▲研究開発力で定評のある日新技研の製品例。産業用送風機〔4段式ターボブロワ（左）〕、湿式集塵装置（中）、空気輸送装置〔スリッターロステープ回収装置（右）〕

づくりの技術を若手に教える立場でもあるが、いずれは坂井さんのような若手に、次の世代へ技術を伝授する役割を担ってもらいたいという思いがある。「今は私がその道しるべをつくる時期です」と自身の考えを述べる。というのも、山元さんの父親は創業者の山元新一現社長。ゆくゆくは父親の後を継いで、経営者としての道を歩むことになるからだ。

技術力を新規事業に生かす

同社の特徴の1つは、研究開発力の強さにある。大学との共同研究に乗り出したのは2003年と比較的早く、大阪府立大学・兵庫県立大学との高効率ターボ翼研究開発や、福井大学などと共同で送風機などを利用した屋根雪処理装置の開発実績がある。「気液混合装置及び微細気泡混合液の製造方法」「排風発電装置」という2つの特許も取得している。

もう1つの特徴が、提案から製造、納入、メンテナンスに至るまでのワンストップサービス。大手企業にはないこの特徴は、得意先と長い期間関係を保つことにつながり、業績の安定につながっている。ただ、「注文を待つだけのビジネスでは、成果を上げるのに時間がかかります。今後の発展のためには、新規の分野を積極的に開拓する必要があります」と、山元さんは今後の経営への抱負を語る。

同社は2016年に「光るキノコ」の安定した栽培方法開発に成功し、脚光を浴びたことがある。送風機を納入した酒造会社の米ぬかを利用できないかと考え、大学に話をもちかけたことがきっかけだが、利益に寄与する事業にはなっていない。しかし、産業・環境機械以外の分野に積極的に打って出ようという意欲は、この1件からもわかる。当面は特許を持つ「微細気泡混合液の製造技術」を応用した、食品の鮮度を保つ機能水などに力を入れる。

こうした新規事業の開拓は、「固定観念にとらわれない若い人にどんどん進めてもらいたいと思っています」と山元さん。坂井さんらにかかる期待は大きい。坂井さんも「今は早く機械を使いこなせるようになりたい」としつつも、「仕事への自信はついてきました」と、今後への意欲を見せている。

I N T E R V I E W
わが社の魅力を語る
開発部　部長
山元 賢一さん

"知財を活用した"海外展開も視野に入れています

日新技研は送風機、集塵装置、空気輸送装置を柱とする産業・環境機械メーカーです。主力は送風機で、売り上げの7割を占めています。「お客様の困りごとの改善」がモットーで、お客様のニーズに合わせて提案から製造、納品、さらにメンテナンスまでワンストップで提供しています。米GE（ゼネラルエレクトリック）社から注目企業として高い評価を受けるなど、研究開発力の強さも特徴です。今後は長年積み重ねてきた知財を生かして業容を広げたいと考えており、海外展開も視野に入れています。また、IoT機器なども活用した業務IT化推進も早期実現へ向け構築中。そのためには若い力が必要で、人材育成にも力を入れていくつもりです。

会社DATA	
本社所在地	大阪府東大阪市稲田新町3-8-43
創業	1968年12月　代表者：代表取締役　山元 新一　資本金：1,000万円
従業員数	43名
事業内容	送風機、集塵・空気輸送装置、環境装置などの設計・製造・施工
主な支援制度	資格取得支援、外部教育（業務スキル向上化）
URL	http://www.osaka-nissin.co.jp/

株式会社日進製作所

精密加工で世界の製造現場を革新
——金属部品加工と工作機械製造の2本柱で顧客に貢献

ここに注目！
- 部門や世代を超えて刺激し合い、自らモチベーションを高めて成長
- 有給休暇取得率は90%以上、直近3年の平均離職率は1%未満

日進製作所は、エンジン部品などの精密部品を手がけるほか、これらの精密部品の穴の仕上げ加工に用いるホーニング盤の総合メーカーとして知られる。

このホーニング盤の広報を任されているのが産装営業部 産装営業管理課の土肥麻里さん。展示会への出展準備や当日の顧客対応に加え、ブランド戦略の構築や企業イメージの向上にも関わっている。製品紹介用のパンフレットやパネルなどはパソコンを操作し、文章執筆から画像選定、デザイン、レイアウトまでをすべて自身で行う。新製品のPR動画も自らコンテを描き、どうすればわかりやすく、かつ的確に製品の特徴が伝わるかを、製作担当の外部の専門業者とともに知恵を絞る。

制作物には専門用語が多い。言葉遣いやニュアンスが正しいかどうか、社内の担当者をつかまえては直接確認する。土肥さんは「親身になって丁寧に教えてくれるので、すごくありがたい」と話す。それは、土肥さんが誰とでも気軽に話せる明るいキャラクターだからであり、社内や顧客、取引先との間の"橋渡し役"を担っている。

資格認定や技能習得を会社が後押し

日進製作所は戦後、ミシン部品の製造からスタートし、早い時期から精密加工技術を磨いてきた。

1960年代に自動車部品分野に進出して業容を拡大。鍛造やダイカストといった素材加工から表面処理、仕上げ工程までの一貫生産体制を整え、その製造設備は自社で設計、製造している。一方、ホーニング盤は穴の内径を仕上げる機械で、自社で培ってきた技術やノウハウを存分に生かし、加工精度はもちろん生産性の高さや省スペース対応など、顧客にとって使いやすい製品を提供している。

金属部品加工と工作機械製造が事業の主な柱であり、製造設備の内製化も基本にしていることから、機械や電気、素材、加工、情報通信、設計など、社内で働くスタッフの職種は幅広い。従業員の

▲工場内にあるショールームのレイアウトなどは土肥さんが手がけた

▲操作体験ができるコーナーは地元の子供にも人気が高い

▲日進製作所が手がける
　最新のホーニング盤

▲高精度に仕上げたエンジン部品
　（2輪用ロッカーアーム）

▲土肥さんは各担当の協力が得やす
　いと職場環境の良さを強調する

うち約80％は本社がある峰山町やその周辺地域の出身者が占め、ここ3年の平均離職率は1％未満という。オンとオフのけじめもしっかり付ける人が多く、管理職を含めた従業員の有給休暇取得率は90％以上に上る。

土肥さんは「部門や職種を越えて業務改善のヒントや刺激をもらえることができ、日々、成長できる」と感じる。「アットホームで、人間関係が良く、かつチームワークがしっかりしています」。自社の職場の特徴をこう説明する。

また、社員教育にも力を入れている。階層別・職種別に社内研修を実施するほか、自己啓発を推奨し、各種の資格や検定試験の受験料や交通費は会社がサポートする。技能検定やTOEIC（国際コミュニケーション英語能力テスト）、ビジネスキャリア検定は日進製作所の事業所内で受験することができ、技能検定については技能検定委員も社内に在籍している。

言語取得にも励みつつ翻訳の質の向上にも注力

土肥さんは大学で英語を専攻し、語学力を生かして国際的な仕事をしたいという希望を持っていた。入社後は工具や砥石などホーニング盤に使う資材の受発注や、ホーニング盤製造の進捗管理などの業務を経験した。現在は外国語版のパンフレット制作も手がけ、年間に数回は海外の展示会にも足を運ぶ。最近は韓国がお気に入りの旅行先で、時間ができれば心身ともにリフレッシュに出かけている。度々訪れているうちに文化にも興味を持つようになって、自分でも理解したいと思うようになり、韓国語の面白さを発見して勉強している。

創業者の錦織米市氏は、会社を興した際の理念として「働く喜びと感謝の人生」という言葉を残している。また、社訓には「常に夢と希望をもち、社員の幸福を追求する」と定める。「個人で意欲を持ち続け、学びを継続するのは簡単ではない。日常業務や社内の人間関係をうまく自分に引き寄せてモチベーションを高め、伸びてほしい」と前田昌則社長。今後の会社を支える若い世代の幸せのためにも、働きやすい環境づくりへの努力や投資は惜しまないつもりだ。

INTERVIEW
わが社の魅力を語る

代表取締役社長
前田 昌則さん

従業員1人ひとりの成長の総和が会社の成長になる

今、社内では「NISSIN PRECISION REVOLUTION（日進精密革命）」という合言葉を掲げ、モノづくりに取り組んでいます。部品加工やホーニング盤はニッチな市場ではありますが、常に「世界初」や「業界トップ」を目指して勝負を続けてきました。

性能の高い設備を購入すれば精度の高い製品はつくれますが、顧客が満足できる精度を追求しようと思えば、人の技能やアイデアは欠かせません。その意味で、人材育成は重要な経営課題です。従業員1人ひとりの成長の総和が、会社の成長になると考えています。

会社DATA

本社所在地：京都府京丹後市峰山町千歳22
創　　　業：1946年9月9日　設立：1948年3月　代表者：代表取締役社長　前田 昌則
資　本　金：8億5,000万円　従業員数：852名（2019年3月31日）
事業内容：自動車部品・オートバイ部品の製造、工作機械の製作
主な支援制度：社会人ドクター取得、自己啓発支援
U R L：http://www.nissin-mfg.co.jp/

機械・金属

▼ 株式会社二六製作所

多様な磁石で世の中の発展に貢献
——豊富な品ぞろえと迅速・気配りの効いた対応力で顧客から高い評価

ここに注目！
- 社員を大切にする働きやすく風通しが良い職場
- 顧客ニーズにマッチする磁石を迅速に提案

「入社前は派遣会社の営業として二六製作所を担当していました。会社の風通しの良さや社員を大切にする風土、電話も必ずワンコールで取るお客様への対応などを見て、ここで働きたいと密かに思っていました」

大澤孝充さんと同社の出会いはこうした関係から始まった。そんなある日、八田明彦社長が「誰か良い人材はいないか」と大澤さんに聞いたとき、これまでの思いを告げ自ら手を上げたのが入社のきっかけだった。八田社長も内心はうれしかったという。

働きやすい職場で
入社2年で急成長

現在、入社から2年4カ月が経過して大澤さんは「自分の想像通りの会社だった」と満足する。営業グループ営業担当として主に全国からの各種磁石についての電話やFAX、メールでの問合わせに対応している。お客様は「磁石をどのように使えばよいのですか」とざっくりした質問も多い。そのようなとき、大澤さんは顧客のニーズを探り、自社で常時95万個用意している磁石の中から最適な磁石を提案する。

多くの磁石の知識を身につけることは並大抵ではない。それでも問合わせでわからなかったことは、すぐに書き出して調べたり上司に確認したりすることでわからないままにはしない。磁石は各方面で使用されている。磁石が活用されることで研究や技術の進歩につながり、世の中の発展に貢献していくことが励みとなっている。

この2年で仕事に対する自信もついてきた。自分の営業スキルを高めるとともに営業仲間の業務にも目を配る余裕ができ、助言する機会も増えてリーダー的存在になりつつある。何でも言いやすい社風のおかげで、思いついた改善などはすぐに発信するようにしているという。

自発性の考え方が社長と一致

自発的な対応が、大澤さんを2年間で大きく成長させる糧となっている。自発的な性格は持って生まれた部分でもあるが、職場の意識が高く切磋琢磨して身に付いてきたところもある。また「社長が喜ぶことが私もうれしいです」と笑顔で話す。

▲電話対応する営業グループ営業担当の大澤さん

▲風通しの良い職場の様子

▲コーポレートカラーのオレンジ色の段ボール箱に商品を詰める様子

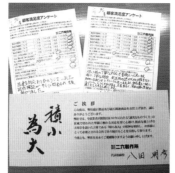
▲磁石の送付時に入れる挨拶文と返信されたアンケート用紙

▲二六製作所が取り扱う磁石製品

こうした自発性を一番体現している大澤さんを八田社長も買っている。八田社長の考えはその時に生じた問題点はすぐに解決すること。それがお客様への迅速な対応であり職場の緊張感につながる。この思いは大澤さんも同じだった。

大澤さんをはじめとする社員のモチベーションを高めるのは磁石の配送時に同封するアンケートの返信内容だ。ときには個人名を入れてまで感想を記入して下さり、励みになっている。八田社長は大澤さんの姿を見た長男が感化されて自社に入社したのではないかと喜んでいる。

二六製作所の人材教育は、各方面に力を入れているが、社歴2年目までの社員だけが参加して

テーマや制限時間は決めず月1回程度、議論させているのが特徴である。日頃の疑問や新しい観点、切り口、改善点を議論してまとめると、翌日に八田社長がすべて回答している。まとめ役をすることが多かった大澤さんだが自身も色々と提案し、例えば昼の休憩時に普段は別行動になりがちな女性社員と一緒に食事をすることで風通しをさらに良くしたいという要望が実現した。

八田社長は「心地良い緊張感がありながら働きやすい職場」を理想に掲げる。これに向け8時前には出社せず、18時には退社することを義務づける。「プライベートの時間を有効に使える。心豊かになり、体調も良くなる。それがお客様に還元される」。これが狙

いであり、その結果、効率良く仕事をしようと昼間はほとんど私語がなくなった。大澤さんも限られた時間の方が集中できたり思考できたりするという。

八田社長は「緊張感はあるが驚くほど職場環境の良いパラダイスのような会社をつくりたい。それによってお客様に誠心誠意尽すことができる」と強調する。

そんな八田社長の背中を見つつ、最後に大澤さんは今後の意気込みをこう語ってくれた。

「将来は営業リーダーとして引っ張っていくことを意識してがんばりたい」

入社2年で、こうした意識を持てる社員を輩出できるところに同社の強みがあると感じられた。

INTERVIEW
わが社の魅力を語る

代表取締役
八田 明彦 さん

高い品質とサービスで磁石を提供する企業を目指します

二六製作所は、永久磁石および永久磁石関連商品の加工・販売を手がけており、ネオジムやフェライトなど常時1,900品種95万個の製品を取りそろえています。社名の由来は、創業の1940年が神武天皇即位から2600年目にあたり覚えてもらいやすいようにと名付けられました。法人固定客は720社を超えます。試作から量産品まで対応しており、在庫品は午後5時までの注文なら磁石1個から全国送料無料で即日発送します。特注品も1個から製作します。磁石を送るときに付けられる社長の挨拶文の直筆サインは10万通を超えました。磁石送付用の段ボールはコーポレートカラーのオレンジ色にして、お客様がすぐ見つけやすいように工夫しています。

会社DATA

本社所在地：神戸市中央区海岸通3番地 神戸海岸ビル7階
設　　　立：1950年12月　**代表者**：代表取締役 八田 明彦　**資本金**：1,000万円　**従業員数**：16人
事業内容：永久磁石製品などの加工および販売
主な支援制度：社内資格「マグネットアドバイザー」、外部資格（CAD検定・品質管理検定）受験奨励制度、「ひょうご仕事と生活の調和推進企業宣言」登録
U　R　L：https://www.26magnet.co.jp/

▼ 菱井工業株式会社

天井・橋形クレーンの関西トップ企業
一品一様の設計・製造・品質管理・メンテが強み

ここに注目！

- ◉ 早期にプロ集団の一員に成長させる教育環境
- ◉ 業務に必要な資格の取得支援でスキルアップに貢献

「この業界にはほぼ未経験で飛び込みました。周囲の指導のおかげで、すぐに業務に慣れ、いまではクレーンづくりが大好きになりました」

こう切り出すのは、菱井工業で技術部に所属する新見晃毅さん。今日も同社が製造するクレーンの設計に当たっている。

世界に唯一のものを設計

菱井工業は、天井クレーンおよび橋形クレーンを中心とする各種荷役運搬機器の設計・製造を手がける。前身の「菱井商店」時代は荷役運搬用のわら縄の製造やチェーンブロックの修理を行っていたが、1974年にクレーン製造業に参入。後発ながら大手メーカーがほとんど扱わない天井クレーンや橋形クレーンの設計・製造で高い評価を得ている。特に「電気ホイスト」と呼ばれる重量物を持ち上げる電動装置を用いたホイスト式クレーンの設計・製造・設置数は、関西エリアでトップに君臨する（推定）。

設計担当の新見さんは入社6年目。大学卒業後は定職には就かず、コンビニエンスストアでアルバイトをしていた。「居心地は良いけど、そろそろ定職に就かなければ」と考え始めた頃、以前から客として来店していた同社担当から声をかけられ、これがきっかけで菱井工業に入社する。

同社が扱う天井クレーンや橋形クレーンは1つひとつ注文を受けて、設置場所に合わせて設計を行う。「スーツや靴で言うところのオーダーメイドと同じ。お客様と対話しながら世界に1つだけのクレーンをつくります」。新見さんは自社の設計の特徴をこう説明する。それゆえに実践を積むことが大切であり、OJTを通じて設計力を身につけた。

驚くことに、新見さんは入社3か月後にはクレーン設計に従事している。その要因に先輩社員の指導力やモノづくりの現場が身近にあることがあげられる。実際、「同じ部署の先輩社員はもちろん、他部署の先輩社員でも聞けば何でもすぐに応えてくれる」と新見さんは信頼を寄せる。これもクレーンのことなら一から十までを社内で行う同社の強みかもしれない。設計の経験が浅い担当でも設計を進められるよう設計関連書がまとめ

▲クレーン設計に喜びを感じると語る新見さん

▲ホイスト式天井クレーンの設置の様子

▲菱井工業が手がけたクレーン（ホイスト式橋形クレーン）

▲非破壊検査による品質管理は顧客から高い評価を得ている

られており、これらを参照することで設計できる環境が用意されている。また、設計の習熟度に応じて、部署の責任者が設計対象を的確に選定し、担当させたことも成長を早めた。

加えて、新見さんが理学部の出身ということもあげられる。クレーンなどの機械設計では、強度計算をはじめ様々な設計計算をしなければ図面にまとめ上げることはできない。もともと計算の素養があったことも設計業務に慣れる要因となった。

「今から思えばハードなOJTでした」。新見さんは過去6年間をこう振り返る。それでも、世界で唯一のクレーンを設計できる喜びを感じ、「いまはこの仕事に夢中になっています」と続ける。

何十年先も現役のクレーンを

菱井工業では、数年前から品質管理とメンテナンスに力を入れており、これらも同社の強みの要因となっている。

以前は溶接部の非破壊検査は、外部の検査会社に依頼していた。これを自社内で実施し、品質の維持・向上に努められるよう非破壊検査機器を導入し、かつ設計担当が非破壊検査を行えるよう非破壊試験技術者（超音波探傷試験レベル2）の資格取得を全社的に進めた。新見さんは2018年に資格を取得し、社内での品質管理の一役を担っている。また、メンテナンスは競合他社よりも多くの人員を配置し、顧客の現場の安全性および安定稼働に寄与。これも顧客

からの菱井工業への信頼を高める要因となっている。

同社が手がけたクレーンには、数十年も客先で稼働しているものが多い。「先輩が入社した頃に設置し、いまだに現役で稼働しているものがある」。それだけに「設計・製作・設置したクレーンの品質を自分自身で確認できることは大切」と新見さんは続ける。

「私はいま33歳ですが、自分がお爺さんになったときにも現役で活躍しているクレーンがつくれるようになりたい」と新見さん。一品一様の設計力・検査・メンテナンスで他社の追随を許さない同社の方向性を踏まえつつ、客先で長く利用されるクレーンの実現に向け、設計力をより一層高めていくつもりでいる。

INTERVIEW
わが社の魅力を語る

代表取締役社長
菱井 信介さん

クレーンで日本のモノづくりを支える会社

1961年に荷役運搬用のわら縄の製造やチェーンブロックの修理業として、私の父が創業しました。1974年の会社設立後は私の叔父にあたる先代がクレーン製造業に取り組んでいます。特に、天井クレーンおよび橋形クレーンのメーカーとして関西はもちろんのこと、全国でもトップクラスの製造台数と品質、アフターサービスを

誇っていると自負しています。

また、近年は自分たちがつくるクレーンの品質を自分たちで検証できるよう、非破壊試験技術者（超音波探傷試験レベル2）の資格取得に全社的に取り組んでおり、品質・安全の両面で優れたクレーンをつくる技術者の育成に注力しています。

会社DATA	
本 社 所 在 地	大阪府東大阪市新鴻池町2-2
設　　　　立	1974年2月（創業：1961年7月）　**代表者**：代表取締役社長　菱井 信介
資　本　金	2,000万円　**従業員数**：45名
事 業 内 容	天井クレーンおよび橋形クレーンを中心とする各種荷役運搬機器の設計・製造
主な支援制度	資格取得支援制度
U　R　L	http://www.hishiikougyou.co.jp/

株式会社フセラシ

世界トップシェアのナットメーカー
──国内と海外を橋渡しし、グローバル体制を支える"海外管理課"

ここに注目！
- まずは意見を受け入れて指導につなげる
- 若手にもどんどん仕事を任せる企業風土

　自動車向けナットや圧造部品などを手がけるフセラシは、米国や中国、タイに海外現地法人を構えるグローバル企業だ。同社が国内工場で生産した製品が海外で使われる際、数多くの製品が自社の海外拠点を介して世界中に流通している。国内と海外の橋渡しをするのが、グローバル管理部海外管理課。2017年に新卒入社した髙田

将希さんは、同部署で米国向けを担当している。製品に関する資料の翻訳・英訳作業はもちろん、輸出などの貿易業務のほか、国内と海外で発生する様々なやり取りを英語で仲介する役割も担う。

素直に尋ねることの大切さ

　髙田さんは外国語学部卒業で、就職活動は「英語に関わる仕事が

したい」との思いで挑んだ。数ある企業の中からフセラシに入社を決めたのは、「面接してくれた人が正直で、会社の良いところも悪いところも言ってくれたこと」が理由の1つ。また「社長は同じ外国語学部の出身で、英語が堪能。米国の現地法人の立ち上げにイチから携わり、グローバル（な仕事）での苦労を経験している。（グローバルな仕事は）私のやりたいことでもあり、自分がつらいときも同じ気持ちになって考えてくれるのでは」との思いもあった。

　就職活動時、髙田さんは「英語を使いビジネスすること」に憧れの比重があり、当初からモノづくりに特段の関心があったわけではない。そのため知識面で苦労することがあるという。

　例えば、国内で製造し海外に輸出した製品に不良が発生した際は、顧客へ不良の原因を報告する必要がある。英語などで報告する必要があるため、髙田さんが所属する海外管理課が国内工場などの関係者への聞き取りを仲介する。ところが「原因を深掘りしていけばいくほど、知識が追いつかないことがある」と苦労を明かす。特に新人はプレッシャーに負け、わかった振りをしてしまいがち。その場しのぎの対応で後々自分が困るなど、「自分の性格上そういった経験がたくさんあった」という。

　それでも、こういった経験から髙田さんはわからないことを素直に聞くことの大切さを学ぶ。「プライベートでもわからないことは、わからないと言うようになっ

▲髙田さんは専門知識の習得に向け、日々励んでいる

▲髙田さんは海外スタッフとの通訳も担当する（写真左から2人目）

▲米国をはじめ多数の海外拠点を持つ（写真は米国工場）　▲英語が堪能な嶋田社長は、髙田さんが目標とする１人

た。そこが一番（仕事を通じて）自分自身、変わったところかもしれない」と振り返る。

グローバルで戦える人材へ

東大阪を代表するモノづくり企業で働く髙田さんだが、モノづくりに直接触れる機会は決して多くない。そのため海外の顧客が国内工場を見学し、通訳として同行するときは「製造現場を学ぶ機会」としている。工場側も顧客に対し丁寧に説明するため、「通訳する中で初めて知ることも多い。お客様に成長させてもらっている」と髙田さんは話す。

国内拠点への出張のほか、入社２年目の秋には一週間の米国出張の機会にも恵まれた。同社米国拠点のシステム対応のため、情報システム部という部署が日本から出張する仕事に同行した。通訳が出張の主目的だったが、髙田さんは普段メールやテレビ会議でしかやり取りしない人たちと直接会い、一緒に食事に出かけることもできた。

髙田さんは「メールだと相手がどのような人かがわからず、本当にほしい答えを得にくい。普段お世話になっている人に会えてよかった」と振り返る。日本へ戻ってからの仕事もよりスムーズに進むようになった。同時に、顔見知りとなったことで、以前よりもたくさんの仕事を任せられるように

もなった。「『髙田さんならできる』と自分を信用して依頼してくれているのだと思う。うれしい仕事です」と微笑む。将来は「専門的な知識を身につけて英語で仕事がしたい」と考える髙田さん。「グローバルで戦える人材になるには、英語にプラスして何かが必要だと思う」と冷静だ。

海外出張に限らず、フセラシには若手にもどんどん仕事を任せる風土がある。貴重な経験を積みながら、髙田さんはグローバルで戦える人材を目指している。

INTERVIEW
わが社の魅力を語る

代表取締役社長
嶋田 守 さん

グローバルな視点で多様な顧客ニーズにお応えする会社です

フセラシは精密ナット、各種圧造・鍛造部品のリーディングカンパニーです。創業者である嶋田栄太郎の「常に他より一歩前に進む」という口癖は、いまでも当社で受け継がれている言葉です。また、フセラシという今社名は元々「布施螺子」という漢字表記でした。布施は合併で東大阪市が出来る前の地名、螺子はねじの意味です。

現在では国内の営業拠点と４工場に加え、海外３工場のグローバル体制を配しています。米国の製造拠点の立ち上げに携わった経験がありますが「英語ができるというだけでは単なる手段であり、いかに英語を使いこなし結果を出すかが目的である」とも考えます。

会社DATA

本社所在地：	大阪府東大阪市高井田 11-74
設　　　立：	1943年　**代表者**：代表取締役社長　嶋田 守　**資本金**：３億30万円
従業員数：	1,210名（グループ全体）
事業内容：	自動車用圧造・鍛造部品、精密ナット、ハイブリッド・電気自動車コネクタ部品、建築・橋梁部品
主な支援制度：	各種技能検定への受験、TOEIC受験、各種講習への参加、通信教育制度
U R L：	https://www.fuserashi.com/

▽ フルテック株式会社

部品から自社製造の電気炉で存在感
——技術を社員同士が教え合う勉強会でワンチームとして成長

ここに注目！
- ◉ 電気炉づくりのすべてを把握する技術者を育成
- ◉ 熱処理関連の取り組みを充実の品揃えで対応

営業担当も電気炉の全工程を理解

フルテックは、電気炉の開発を強みとするほか真空装置や研究関連製品なども手がける。2013年には大阪大学との共同研究を通じて、独自の小型温度制御コントローラーと専用ヒーターを採用した"手のひらサイズ"の超小型電気炉を開発。すぐに関西大学や岡山大学などの研究機関に相次いで導入され、話題となった。「他社がつくっていない製品をつくること」。こう語る技術畑出身の古田吉雄社長のこだわりが込められた製品の1つだ。

こうした姿勢は、電気炉を構成する電子部品以外も自社開発する姿勢に見られる。一方で、古田社長は「在庫を持つのもこだわり」も強調する。本社工場近くの倉庫に約1000種類の製品を在庫管理し、顧客からの短納期への要望に応えている。

このような同社のモノづくりを支えるのが独自の社員教育。平日の終業1時間前の時間を活用して勉強会を開催している。自由参加にもかかわらず参加する社員は多い。社員同士が電気炉の構造や製作方法などを教え合い、各自のスキルアップにつなげている。「ラグビー日本代表で話題になった『ワンチーム』のように、みんなで目標を掲げて取り組み、開発お

よび製作のスピードアップにつなげてほしい。そうすれば無理な残業をしなくても効率的に業務を進められるはず」と、その狙いを古田社長は語る。

また、フルテックでは電気炉づくりに携わる社員は、全工程に関わることを基本とする。社員1人ひとりが溶接作業から電気設計、板金製作、メンテナンスまでのすべてを行えるよう指導している。「専門分野への適性は見極めているが、まずはひと通りできるようにするのが当社の方針」（古田社長）で、営業担当も同様に指導している。「技術を理解した営業マンであれば、修理をはじめアフターサービスにも役立てられ

▲吉村さんは会社からの支援を受けつつ仕事と家庭を両立している

▲現在も開発の先頭に立つ古田社長。本社工場には製品がずらりと並ぶ

▲大阪大学と共同開発した超小型電気炉

▲社内で検証を繰り返すことで高品質な製品を送り出している

▲社内勉強会を通じて開発ノウハウを教え合っている

る」からであり、営業技術のノウハウを体得できる点にも同社の教育の特徴がある。

今後は自ら経営している感覚を

古田社長自らが先頭に立ち、電気炉などの技術開発で成長の歩みを続けてきたフルテック。現場には若い社員が多く、平均年齢は30代。ワンチームとして社員全員が成長できるよう、古田社長は「社員同士が気さくに、何でも話し合える環境づくり」に努めている。同時に、社員1人ひとりをサポートする体制づくりをしている。例えば「社員の子供が小学校でケガをして通院が必要であれば、勤務中に抜けて子供のケアに当たってよい」としている。

2018年5月入社の吉村加代さんも子供が通院した際にサポートを受けた1人。電気炉の注文伝票の作成をはじめとする事務関連全般のほか、営業支援や来客対応などに当たっている。入社の動機は「給料が良かったから」と冗談っぽく話すが、「現場や営業など周囲の方々にサポートをしてもらいながら成長できていると感じます。みんなのお陰で家庭と仕事の両立につながっています」と感謝の言葉を忘れない。また「今後は電気炉に関連する専門用語を習得していきたい」と前向きで、「生産現場のスタッフさんや営業担当さんをこれまで以上に支援し、会社とともに、さらに成長していきたい」と意気込む。そんな吉村さんのコメントから、古田社長がつ

くり上げてきた職場環境とサポート体制が、いかに良好なものであるかが伺い知れよう。

社員教育を通じて、営業担当も電気炉の全工程を把握するフルテック。それでも古田社長は「中小企業の社員はどこかで『会社に使われている』という意識があるのかもしれない。それでは『真の仕事』につながらない」と課題をあげる。今後は「みんなが経営者だという意識を植え付け、幹部や役員に登用していきたい。そして、自ら経営しているという意識を常に持って仕事に臨んでほしい」。

こう経営センスを併せ持つことの重要性を指摘しつつ、全社員のさらなる成長に期待を寄せる。

INTERVIEW
わが社の魅力を語る

代表取締役
古田 吉雄さん

熱に関する豊富なノウハウで貢献します

「限りなく最先端技術へ挑戦する――」。それがフルテックです。

私たちが生活するうえで欠かせないのが熱技術。あらゆる熱技術に対応できる超精密電気炉などの製品を揃えるのが当社です。熱に関する技術的なノウハウをフルサポートし、かつ用途は実験用から生産用まで幅広く対応しています。

また、先端技術であらゆるニーズに挑戦し続ける電気炉・温度制御のプロフェッショナル技術集団でもあります。大学や各研究機関とともに研究を重ねて培ってきた高度技術をもとに経験豊富な知識で熱技術に取り組んできました。"手のひらサイズ"の超小型電気炉はその成果の1つ。これからも熱技術で世界に貢献し続けていくつもりです。

会社DATA

本社所在地：大阪府八尾市太田4-141
設　　　立：1989年10月20日
代　表　者：代表取締役　古田 吉雄　資本金：3,000万円
従業員数：20人
事業内容：電気炉・真空装置・研究関連製品などの販売
URL：http://www.full-tech.co.jp/

▼ 株式会社平和化研

電気亜鉛めっきで存在感、六価クロムめっきにも対応
——会社と社員の対話を通じて良好な関係性と職場環境を築く

ここに注目！
- ▶「対話」による理解を促進する風土
- ▶ 社員同士が協力して資格取得を後押し

「当社には兄が先に入社していました。入社する以前は職を転々としていて、見かねた兄が入社を勧めてくれたお蔭で、現在の自分があります」

入社の経緯をこう語るのは、現在は本社工場の副工場長を務める丹貴洋さん。「兄貴を裏切らんようにしよう」との思いで努力を重ね、2018年に現職に就任した。ボルトやナットなどのめっき加工製品の検品や設備の点検などの日常業務のほか、後進の育成にも取り組んでいる。

経営とともに社を変える

丹さんは2011年に入社。入社10年に満たないながらも経営陣とともに社の変革を見届けてきた。

平和化研は、1965年に前身となる浦崎鍍金工業所として創業。1981年に前社長の浦崎憲清氏が入社し、電気亜鉛めっきを中心に事業を拡大。めっき加工の品質に加え、早期の環境対策への取り組みなどから多くの顧客から信頼を得てきた。ところが2013年10月に、浦崎前社長の急逝を機に事態が一変する。妻の和子氏が社長に就いたが、先代社長の喪失感から経営と社員との間に不和が生じた。

「とにかく生産第一という感じでした。僕ら社員がアイデアや意見を出しても聞いてくれない。そんな空気が蔓延していた」。丹さんは当時をこう振り返る。やがて、

こうした不安が2014年に社員の約半数が参加するストライキに至る。

そんな窮地を救ったのは現在、先代の妹にあたる福田百合乃専務である。それまで約20年間にわたり化粧品会社に勤務していたが、義姉の和子社長を支えるために入社を決心。社員のストライキに戸惑う一方、社を思う参加者ばかりであることを知り、社員1人ひとりと対話。不安の解消に努める。「すべての社員に対し真剣に向き合ってくださった」と丹さんは振り返る。以来、経営と社員との間には良好な関係が築かれることになる。

▲丹さんは副工場長として、加工製品の検品や設備の点検など多様な業務にあたる

▲平和化研が手がけためっき加工品の一例

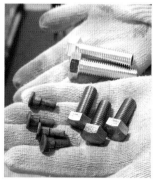
▲めっき処理により美しい製品に仕上がる

▲海外出身の技術者（写真左）の指導も丹さんの仕事の1つ

電機・情報

化学・素材・食品

建設

環境・エネルギー

商社・サービス・印刷・映像

朝礼で会社と社員を変える

いまでは、めっき加工業で輝きを取り戻した同社。その支えとなっているのが朝礼と資格取得支援制度。先のストライキの経験を生かし、福田専務ら経営と社員との対話を通じて取り入れた。

朝礼は、福田専務が『月刊朝礼』（コミニケ出版）のサンプルを入手したことで始まった。朝礼を社員教育の場としつつ、働く人のやる気を引き出し、ときには戒め、ときには初心を思い出させる内容が紹介されており、これを活用する企業は多い。職場改善の一環として取り入れたが、「毎日続けることで、日々の目標を全社員で共有できるようになった」と、丹さんはこの効果を語る。また、朝礼

を通じて社内コミュニケーションの活性化が図られ、「多くの社員がその効果を実感している」と続ける。

資格取得支援制度については、会社による受験料の支援に加え、社員間で協力できる体制に改めた。平和化研は24時間体制でめっき加工を行っている。工場で通常業務に従事する仲間がいることで、資格支援対策に取り組むことができる。また、「代わりに工場で頑張ってくれる仲間の存在は、資格取得へのモチベーションの向上」（丹さん）にもつながり、合格率の上昇という結果に表れている。

平和化研では2019年に、顧客ニーズに応えるかたちで、環境対応型の六価クロムめっき工場を

新設。生産能力の増大に伴い、外国籍の社員が入社するなどダイバーシティ化が進展している。副工場長の丹さんにとって、後進の育成はより一層重要となっている。この業界は「年下の先輩や年上の後輩が珍しくない世界。ときにはコミュニケーションをとるのが難しい」と苦労を語る一方、「『ノー・ドロップアウト（離職者ゼロ）』を目標に育てたい」と力を込める。

同社は、これまで対話を通じて困難を乗り越えてきた。それゆえ、経営と社員または社員同士で話し合う風土がある。福田専務がそうであったように、丹さんも対話を通じて後進と良好な関係を築くと期待される。

INTERVIEW
わが社の魅力を語る

専務取締役
福田 百合乃さん

めっき加工を通じて、あらゆる製品を支えています

当社は1965年に私の父が前身の「浦崎鍍金工業所」を創業して以来、電気亜鉛めっきを専門にしています。私たちがしているめっき処理は「防蝕鍍金」と呼ばれるもので、お客様からお預かりしたボルトやナットなどが腐蝕しないように表面処理を行い、建造物や工業製品などの品質・安全を保つお手伝いをしています。

人材育成の面では、社内の安全や衛生面、意識改革などについて改善していく委員会として「善仁会」を設置しているほか、スタッフにケガや衛生面について自発的に考えてもらえるよう、講習会や講師を招いてのマナー研修なども定期的に実施しています。

会社DATA	
本 社 所 在 地	大阪府八尾市西弓削2-7
設　　　　立	1976年10月（創業：1965年10月）
代 表 者	代表取締役 浦崎 和子　資本金：2,000万円　従業員数：37名
事 業 内 容	電気亜鉛鍍金を中心とする金属表面処理加工
主な支援制度	資格取得支援制度
U R L	http://www.hkp-heiwa.co.jp/

マツダ株式会社

異形状・薄肉形状など難加工形状の冷間鍛造に強み
——高度な金型設計・製造ノウハウで短納期・低コストを達成

ここに注目！
- ◉ 中途採用したベテランの力を借り、一気に金型を内製化
- ◉ 年齢に関係なく挑戦する姿が若手に刺激を与える

マツダは、自動車や建機向けにナットやスペーサ、カラー（すき間の調整などに使う円筒形の金属部品）などの冷間鍛造品の製造を手がける。冷間鍛造とは、常温（室温）下で鍛造金型により金属に圧力を加え、変形させながら成形を行う加工法。製造途中に材料のロスを発生させず、かつ高速加工ができ、大幅なコストダウンが可能となる。マツダが強みとするのは、厚さ3〜4mmの薄型部品など加工条件や金型設計にノウハウが求められる異形状部品。金型設計・製作を社内で行う同社ならではと言え、これらの部品を月あたり400万〜500万個製造する。

この金型づくりを統括しているのは、製造部次長の田中秀之さん。「早く安くつくることを常に心がけている」と話す田中さんは、加工性に優れた鋼材などを利用することで材料費の低減や製作期間の短縮を図っている。かつては、顧客の無理な要求にもかかわらず、わずか2週間という短期間で精密金型を仕上げるという離れ業をやってのけたこともある。

「ある部品の加工がうまくいかず、もはやこれまでかと追い詰められた局面もありました。それでも社内で知恵を出し合ったり加工機メーカーに相談したりして、従来とは異なる加工方法を編み出し、このような短納期を実現しました」。田中さんは当時の苦労と充実ぶりをこう振り返る。

かつての同僚に思いを託す

同社社長の松田英成さんは、関西圏では若手の二代目社長として知られる。2008年に創業者の父から事業を引き継いだ。リーマン・ショックがあった同年は最悪のタイミングで、就任早々、売上高は大きく落ち込んだ。ここで松田社長は1つの決断をする。もともと10年の長期計画で考えていた金型の内製化を一気に進めた。「手をこまねいているよりは、チャンスと捉えて行動を起こした方がいい。危機に直面して腹が決まった」と振り返る。

一方、田中さんは鍛造機械メーカーや金型製造業者で金型の製造・販売に長く関わり、2009年に途中入社した。以後、金型内製化のリーダー役として設備導入に奔走したほか製造ノウハウの蓄積に尽力してきた。近年は金型づくりの実力が上がってきたことで、上記のように楕円形状や角形状など異形状部品の量産を可能として

▲若手スタッフに作業指示を出す田中さん（写真左）

▲マツダが製造した異形状部品の一例

▲冷間鍛造用金型ポンチ

▲得意とする異形状部品を示す田中さん

いる。「ほぼ加工できないものはない域に達しつつある」と胸を張る。

実は、田中さんが勤務していた鍛造機械メーカーには、松田社長もマツダに移籍する以前に約7年間在籍していた。同期入社という間柄だった。その後、田中さんは営業マンとしてマツダに出入りするようになるが、リーマン・ショックの影響で退職を余儀なくされる。退職の挨拶のため事業継承した松田社長のもとを訪れたところ、意外なひと言を受ける。「うちに来ないか！」再就職先が決まっていない田中さんを思ってのひと言だったが、この出来事が現在のマツダの成長につながる。

「リーマン・ショックの影響で人を採用できるような状況ではなかったでしょう。にもかかわらず、採用してくれた。だから、この恩義に報いるためにも全力で走り続けたい」と当時、こう決意したことを田中さんは明かす。同時に、前述の無理な要求などに応える原動力であることが伺われた。

生き様こそが会社の財産

現在、従業員数は20人。松田社長が鍛造機械メーカーからマツダに転じた際は父母以外に従業員は3人しかいなかった。2011年頃からは新卒採用も積極的に行い、今では女性も製造現場で活躍している。

一方、田中さんはいまも全力で走り続けている。「このままでは老いぼれいていくのは目に見えている」と、50歳を超えてから資格取得に励み始めた。機械加工技能士の平面研削盤作業の特級を皮切りに、マシニングセンタ作業（1級）や第二種電気工事士などに合格。機械検査技能士や金属熱処理技能士などにも挑戦している。

そんな田中さんを松田社長はこう評価する。「若い従業員が自身のキャリアプランを描く際のモデルになる。また、年齢に関係なく成長を目指す生き様は会社の財産になっている」と。

リーマン・ショックという困難が松田社長と田中さんを再び、同じ職場で働くきっかけを与え、他社では難しい異形状部品の量産を可能にした。同社の技術基盤をつくり上げるに至った。今度は、田中さんというベテランの背中を見ながら若手が新たな技術基盤をつくる環境が構築されつつある。

INTERVIEW
わが社の魅力を語る

代表取締役
松田 英成さん

無限の可能性を引き出し、未来の製造業の形を創造する

かつて人材確保に悩んだ時期がありました。人を大切にする会社だという思いを伝えるには行動や形で示さなければならないと考え、職場環境の整備に取り組んできました。本社工場に従業員が交流したり、新事業の構想を練ったりする場として「愚足庵」を設けたのもその1つです。

うちの社歌「美しき鉄の花たち」には「モノづくりの命に限りがあるのならその限りを認めずまだまだ抗おう（中略）見た事なき鉄の花を俺たちの手で咲かせよう」とあります。

人にはそれぞれ無限の可能性があり、企業としてそれを引き出すとともに未来の製造業の形をつくり上げたいと考えています。

会社DATA	
本 社 所 在 地	大阪市城東区新喜多東2-4-19
設 立	1974年7月（創業：1968年9月）
代 表 者	代表取締役 松田 英成　資本金：2,000万円　従業員数：20名
事 業 内 容	冷間鍛造部品製造
主な支援制度	資格取得時表彰金支給制度
U R L	https://www.matsuda-fastener.co.jp/

機械・金属

環境・エネルギー

商社・サービス・印刷・映像

第2章

電機・情報
化学・素材・食品

Electric Machine/Information
Camical/Material/Food

電機・情報

■ NKE株式会社

■ 株式会社カコテクノス

■ 協同電磁機工業株式会社

■ セルカム株式会社

■ ダイヤモンドエレクトリックホールディングス株式会社

■ 株式会社ユニオンシンク

化学・素材・食品

■ 赤穂化成株式会社

■ 化研テック株式会社

■ 神戸合成株式会社

■ 三和化工株式会社

■ 野添産業株式会社

■ 松谷化学工業株式会社

■ 株式会社ユニックス

● NKE 株式会社

自動化で生産現場の新たな価値を提供
——単純労働から解放し、創造的・革新的な仕事に従事する製品を提案

ここに注目！
- ◦ 営業、生産、納入など全体マネジメント
- ◦ 個人面談などまかせて伸ばす環境づくり

NKE のムードメーカー

「大丈夫です！なんとかします！」

月曜の朝から元気な返事がフロアーにこだまする。より高効率の組立自動機という少々難しい注文ではあるが、開発してみせるという谷口豊さんの声。いつもの聞き慣れた光景だ。知らない人が見れば、周囲の同僚たちは「相変わらず」「朝から声、大き過ぎ」と茶化しているように見えるかもしれない。が、実のところ「今日も元気をもらった」と前向きな気持ちを込めているものばかり。その元気が見込まれ、2018 年の創立50 周年式典で決意表明を任された。谷口さんのムードメークで1

日が始まるのは、NKE では決して珍しいことではない。

谷口豊さんは 2019 年 1 月に発足した開発部モノづくりソリューショングループのグループリーダーを務めている。主力事業である搬送や組立といった自動機開発で医療や食品などの新規市場を開拓し、人手不足など最近の課題を解決する。「新製品で未開拓市場や新市場を発掘し顧客化する」のが使命だ。さらに特注仕様の自動機はやがてセミカスタムし新製品として水平展開するケースも多く、同社の製品戦略に与える影響も小さくない。

同グループを発足して間もなく、無人搬送車（AGV）を活用した生産ラインを手がけている。

人手不足や現場効率化の解決の提案で、今ではさまざまな案件で水平展開されている。

前担当で 2016 年に発足した生技 EX グループ時代から「開発に手応えを感じ始めた」と言う。グループといっても担当は谷口さんひとり。同社初の社内ベンチャー的組織で、営業から材料調達、開発、生産、納入とすべてを1 人で担当する。実は谷口さんが「開発力や営業力など会社の力を底上げするには誰もが全体マネジメントの視点を持つべき」と中村道一社長に直訴し、持論を展開した結果、生まれた組織だ。果たして結果は、谷口さんは狙い通りにマネジメントを体得でき、新製品開発が相次ぐこととなった。

▲他部署の後輩の指導や相談にも応じる谷口さんは NKE のムードメーカー（写真左）

▲営業から納入までを 1 人で担当する谷口さんには特別席が用意されている

▲ 2019年1月に完成した新本社棟

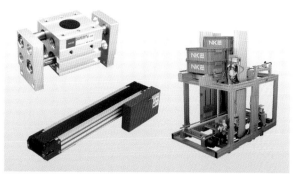

▲ NKEが扱うエアチャック（左上）、コンベア（左下）、トレーチェンジャー（右）

信頼を託し、責任感に変える

谷口さんは、舞鶴工業高等専門学校 電子制御工学科を卒業して2005年に入社した。NKEの取引先に勤めていた知人の紹介で、谷口さん自身はNKEを知らなかったが、これも縁と即決した。第一印象は「距離が近いなあ〜」。社員同士はもちろん、社長ら経営幹部ともフランクに話せる機会が多いからだ。配属は専用装置の組立担当、先輩に手取り足取りの指導で仕事を教わったが、1年後に先輩が退社し持ち場は1人になってしまった。

早々に自立と責任が求められることになったが、「高専の経験でなんとかなる」と乗り切った。入社5年目には製造部で会社全体のモノづくりの管理を任されるなど以後、着実にキャリアを積んできた。

中村社長の人材育成方針の1つに「まかせて伸ばす」がある。社員に信頼を託し、それを責任感に変えてがんばりを発揮してもらうのが狙いだ。「責任を果たし期待に応えようと自立し、力を発揮してくれる」と中村社長は実感する。「社長が心配するくらい積極的で、事業や会社全体を見通す事業家の視野を持った社員になっている」と感じている。谷口さんも「まかされて、伸ばされた」というわけだ。

社内風土づくりにも余念がない。テレワークや奨学金補助、各種研修など様々な取り組みで、やりがいの持てる環境を整備している。中でも力を入れているのが個別面談。年に1回、中村社長と全社員が個別に面談し、挑戦したいことや個人的な悩みなどを話し合う。経営計画の進捗、経験や能力、人柄など社員のポテンシャルなどを参考に各人に任せる仕事を検討する場だ。2019年8月には将来の大型ビジネスを目指した「アイデアコンペティション」を開催した。「やりたいことを引き出し、まかせて社員も会社も伸ばしたい」と中村社長は考えている。

2020年のスローガンは「進化と新化」。

「これまでのものを一層進化させると同時に、将来を見据えた新たなチャレンジを行なう。そして、この2つが互いに強め、生かし合う年にしたい」と意気込みを見せた。

INTERVIEW
わが社の魅力を語る

人が創造的革新的な仕事に携われるように

代表取締役社長
中村 道一さん

NKEは、パーツハンドリング機器、搬送機器、省配線機器、ネットワーク機器、セル構成機器などを手がけ、搬送や組立・加工の自動化を推進、現場の付加価値創出を支援しています。機械にできることは機械に任せ、人を危険な仕事や重労働、単純労働から解放し、より付加価値の高い創造的、革新的な仕事に携われるお手伝いをしています。

2019年1月、伏見工場（京都市伏見区）に新本社棟を完成、生産や開発部門などを集約しました。創造力や開発力を強化、製品開発が猛スピードで進んでいます。人工筋肉による腰サポーターなど新たなジャンルにも参入しています。

会社DATA	
本社所在地：京都市伏見区羽束師菱川町366-1 **創業**：1968年3月（設立1969年8月）	
代 表 者：代表取締役社長 中村 道一 **資本金**：2億9,700万円 **従業員数**：154人	
事業内容：エアチャック、コンベア、省配線機器などものづくり現場の自動化を応援する機器の開発、製造、販売	
主な支援制度：各種勉強会（外部講師によるものも含む）、外部研修参加費の会社負担	
U R L：https://www.nke.co.jp/	

▼ 株式会社カコテクノス

「止める技術」で日本の産業を支える
——和の精神を重んじ、モノづくりの価値創造に挑戦

ここに注目！
- ▷ 部門を横断したきめ細かいコミュニケーションを実践
- ▷ 家族で"働く"を楽しむ職場

「止める技術」によって社会インフラを支えてきたカコテクノス。あらゆる環境で異常時においても安全・安定・確実な制御を実現するノウハウは鉄道車両をはじめ変電所設備など幅広い産業で採用が進む。

制御機器設計の最前線で活躍するブレーキ構造設計課の松末大嘉さんは「システムエンジニアとして成長したい」との思いを抱き、日々技術を磨いている。石川県の大学に進学し情報工学を専攻したが、出身地である兵庫県での就職を決めていた。2010年、縁あってカコテクノスに入社し、先輩社員から指導を受けながら設計技術者としての専門性を高めてきた。現在は新幹線など種々の鉄道車両用ブレーキ設計を手がける。

仕事がしやすい環境づくり

カコテクノスは、主力生産拠点の小野工場（兵庫県小野市）において設計から製造、製品試験まで一貫連携生産を強みとする。品質管理を徹底し、設計部隊と製造現場でのコミュニケーションを活性化、全工程を一元管理する生産管理システムを通じて最適なQCD（品質・コスト・納期）を実現する。

その中でも「入り口となる設計段階でミスは許されない」（松末さん）との責任感は強い。顧客から仕様書を受け、3次元CADを用いて設計を行い、組立に必要な図面や指示書などを作成する。ブレーキ装置の機種ごとに確認のためのチェック項目を詳細に設けている。「先輩方が蓄積してきた項目を必要に応じて改良し、次世代に引き継ぐ」と松末さん。また、顧客ニーズに応じて振動試験も実施し、データを取得して品質管理に役立てている。

ただ、こうした作業の習熟は一筋縄ではいかない。松末さんは「プログラミングを専門としていたため、機械加工に関するノウハウはイチから勉強した」と振り返る。小野工場では設計と製造部門間の動線を短くし、コミュニケーションを円滑化。設計内容が板金や機械加工にどのように反映されているかを直接確認するなど、部門横断で技術力を培ってきた。今後は「担当する各ブレーキ機種に加え、

▲ブレーキ周辺機器などの設計も手がけたいと次の目標を語る松末さん

▲開発拠点の小野工場

▲設計から製造、試験まで一貫して行えるのが強み

▲社員同士の交流の活性化が期待されるカコテラス（完成イメージ）

ブレーキ周辺機器などの設計も手がけたい」と目標を掲げる。

価値創造につながる職場環境

同社の高い技術力は、人づくりに裏付けられる。「和の精神」を大切にし、1人ひとりが力を合わせることにより実現する「ヒューマンウエアテクノロジー」を掲げ、社会の発展に寄与する。

2035年には創業100周年の節目を迎える。これまで経済情勢の変化にも対応しながら成長を続けてきた。大きな転換点となったのは1995年1月に発生した阪神・淡路大震災。神戸市内の本社と板金工場は大きな被害を受けたが、被災を免れた小野工場から従業員が救援物資の配達など応援に

駆けつけた。全社一丸となった復興活動が連携を再確認した瞬間だった。以降、大卒の技術者の採用を積極化し、技術力を高めるとともに、外注比率を従来の25%から50%に高めるなど、生産のリスクマネジメントを強化した。

事業規模拡大に伴い従業員数を増やし、工場も増設してきた。2021年春に機械工場と板金工場を増設するにあたり、社内の一体感を高め、新たなブランドづくりに向け、小野工場敷地内に社員の交流棟「カコテラス」を併設する。「一貫・共創・技術」をコンセプトに成長戦略を描き、働きやすい職場を整備する。従業員のアンケートにもとづき、カコテラスには従業員が毎日立ち寄る更衣室を

設けるほか、厨房やカフェスペース、バーベキューやボルダリングが楽しめる仕掛けを取り入れる。

同社には親子や夫婦・姉妹で勤務する従業員もいる。松末さんも高校時代の同級生だった妻と職場結婚した。小野市にマイホームを構えて通勤する従業員も多く、家族を大切にする社風が各従業員の働きがいにつながる。従業員の家族も参加する毎年の社員旅行だけでなく、2018年からコミュフェス（社内運動会）を開催し、社内の親睦を深め、1人ひとりが生き生きとした職場が成長の原動力となる。

INTERVIEW
わが社の魅力を語る

代表取締役社長
加古 泰三さん

止める技術で安心・安全な社会を創造する

1935年の創業以来、不易流行の理念を重んじ、社会インフラを支え、止める技術と向き合い、研鑽し続けてきました。家族的な信頼関係を絆として小野の地で社員一丸となり、研究推進に励み、真摯に高品質の製品提供に努めてきました。

2035年に向けて私たちは次の一歩を踏み出します。先行き不透明といわ

れるこれからの時代においても、人を運ぶ電車、人の暮らしを支える電気、人の安全を確保する設備などは社会の基盤となる、大切なインフラであり続けます。私たちは、継承する「和の精神」を大切にした経営、設計、製造、評価を通じ、進化する「止める技術」で安心・安全な社会を創造し続けます。

会社DATA	
本社所在地	神戸市須磨区大田町7-4-2
創　　　業	1961年12月（創業：1935年4月）
代　表　者	代表取締役社長　加古 泰三　資本金：7,700万円　従業員数：約280人
事業内容	鉄道車両や変電所、社会インフラ向けの各種制御装置の設計・製造
主な支援制度	資格取得・外部研修・通信教育の支援、公的資格取得手当（取得月から定年まで）、奨学金返済支援制度、従業員共済制度、企業型確定拠出年金制度ほか
U　R　L	https://www.kako.co.jp/

▼ 協同電磁機工業株式会社

電磁機器で得意先の省エネに貢献
——電磁チャック・脱磁器が柱、低周波誘導加熱装置も伸びる

◗ モノづくりの楽しさを伝える徹底した指導
◗ 「建屋より人材に投資する」姿勢で社員のやる気を引き出す

機械の稼働を見るのが楽しい

「大量のお湯をつくり出したい」。協同電磁機工業の鮫島弘社長は、自身の夢をこう話す。同社の得意製品の１つである低周波誘導加熱装置は、軸受を加熱膨張させて軸をはめ込む焼きばめ作業で主に使われているが、素材を中から加熱するこの得意製品を、汚泥洗浄用の湯を沸かす装置に幅広く活用しようというわけだ。「外から加熱するヒーターで湯を沸かしていたら省エネにはなりません。内から加熱することこそがエネルギーコストの低減につながり、環境保全にも役立つのです」と熱く語る。

同社は 2019 年に創業 50 周年を迎えた。鮫島さんが工業高校を卒業して就職した電磁機器メーカーで十数年の経験を積んだのち創業した。以来、鮫島さんは工作機械に加工物を吸着固定させる電磁チャックや、秒単位で磁力を抜く脱磁機など、電磁機器づくり一筋に人生をかけてきた。もう 80 歳を超えているが、「電磁機器づくりは奥が深い。日本という国の基礎を成すものです」と、モノづくりへの情熱は衰えていない。

そんな鮫島社長に引き付けられて同社に入った人は多い。ベテラン技術者として活躍する工場長の小畑孝さんと製造技術部長の髙野俊幸さんはその代表。髙野さんは大学卒業後、４年ほどの会社勤めをした後、大学院に入ったが、その大学院で鮫島社長が教壇に立ったことがあった。そのときの印象が強烈だったようだ。「変わったものをつくっている会社だな～と興味も湧きました」という。

入社は 2007 年。以来、加工や組立など、製造部門の仕事はひと通り経験したが、「まったく同じ仕事はありません。毎日が勉強で飽きるということがないのです。何もないところから、モノをつくり出す醍醐味を常に味わっています」と、モノづくりの楽しさを語る。「納入先で自分のつくった機械が稼働しているのを見るのが一番うれしいです」。それは得意先に機械を評価して使い続けてもらっている証拠だからである。

「機械がどう使われているかを見るのが楽しい」と、髙野さんと同じ言葉を返してきたのは、技術課主任の横山裕剛さん。鮫島社長

▲鮫島社長に魅力を感じて入社した髙野さん

▲若手のホープとして期待されている横山さん

▲ギヤユニット用ギヤ側軸受部品
　誘導加熱装置

▲同社の電磁チャックはワークの把持で
　様々な現場で多用されている

▲コンベヤー上下型減衰式脱磁装置

の親戚筋という縁もあり、大学卒業後に同社で1年間アルバイトをしていたが、やはりモノづくりに魅力を感じ、2013年に正社員となった。「若手のホープ」と期待されている社員である。

価値ある失敗をしてもらう

ただ、理系の髙野さんと違って、横山さんは文系出身。「計算式すらわからない中で、先輩に教わりながら必死でモノづくりを覚えました。出張などで得意先を回る機会が多かったことも勉強になったと思います」と振り返る。

同社の人材教育は基本的にOJTだ。「特殊なモノをつくっているので、電機と機械、両方の知識が必要です。経験を積んで覚え

てもらうしかありません」と鮫島社長は言う。ただ、「残業はできるだけなくし、週末の休みもきっちりとらせます。そのうえで給与はやりがいが持てるような水準に設定しています。建屋にカネをかけるより人に投資しないと、企業としての値打ちはないのです」と言い切る。

「技術力をより高め、高いレベルの製品を出して世間から認められないと、優秀な人材は集まりません」とも言う鮫島社長。「その高いレベルに進むための失敗なら、価値ある失敗と評価します。決して自己満足にとどまらないことが重要です」と、挑戦し続ける姿勢の大切さを訴える。

髙野さんはこの言葉を受けるよ

うに、「製品のアフターケアもしっかりして、長く使い続けていただくよう、今後も努力を絶やすことなく続けていきたい」と話す。横山さんも「技術面にもっともっと深く入り込んで、自分自身を成長させていきたい。当社のモノづくりをトータルで捉えられるようになれればと思います」と、今後の抱負を熱く語る。

50年もの間、強力なリーダーシップでこの会社を引っ張ってきた鮫島社長は、やがて経営の第一線を退くことになる。ただ、髙野さんや横山さんのような、チャレンジ精神旺盛な中堅・若手がいる限り、協同電磁機工業の将来に心配はないと感じる。

INTERVIEW
わが社の魅力を語る

代表取締役社長
鮫島　弘さん

製造の3つのコンセプトにこだわっています

協同電磁機工業は、50年前に私が脱サラで立ち上げた会社です。電磁チャックと脱磁機という、対になる製品を柱に、電磁機器一筋で品質にこだわり続けてきました。

最近では焼きばめ作業などに威力を発揮する低周波誘導加熱装置が、鉄道車両用やベアリング用など幅広い分野で伸びています。

徹底したエコ・省エネ、お客様の要望に合わせるオーダーメイド＆カスタマイズ、万全のサポートとアフターケアの3つが製造のコンセプトです。

今後も製品の精度をより高めて、お客様の期待に応えたいと思います。そのための人材への投資も惜しみません。

会社DATA

本社所在地：大阪府東大阪市今米1-16-8
設　　　立：1969年12月
代　表　者：代表取締役社長　鮫島　弘　資本金：1,000万円
従業員数：13名
事業内容：電磁チャック・低周波誘導加熱機・脱磁機の製作、販売
U　R　L：http://www.kyoudou.jp/

▽ セルカム株式会社

「街を装飾する」ニーズに応える
——大型インクジェットプリンターなどの機器を提案し販売

ここに注目！
- ▷「メカ好き」が集まり自由な雰囲気を醸成
- ▷ 社内の機器を使った「遊び」で社員に知識を学ばせる

好きこそものの上手なれ

大型インクジェットプリンターなどのデジタル機器を販売するセルカム。同社の安藤幹社長は、「好きこそものの上手なれ」を人材育成のキーワードにあげる。得意先のニーズを引き出して機器を販売する「提案営業」のスタイルを採っており、機器に関する知識を蓄えておく必要があるため「メカ好きであることが望ましい」。実際、そういう人が集まる会社だという。

西日本営業部の課長を務める留田一輝さんもその1人。「芸術系の大学で学んだため、プリンターに興味があり、この会社を選びました」と語る。入社してから20年近くになるベテラン社員だが、製作部や技術部など様々な部署を経験し、営業の仕事に就いたのは6年ほど前。「試行錯誤の連続だったので失敗も色々ありました。失敗を恐れていては、この仕事はできません」ときっぱりと言う。

安藤社長によると、セルカムは「街を装飾するものを売る」会社。顧客は広告メディアが中心で、規模の小さい企業が多いため、ビジネススタイルは顧客のニーズに合わせた多品種少量販売である。「あくまでお客様の要望を具体化するのが仕事なので、日本に1台しかないという機器も売っていきま

す。それが成果になった時はうれしいですね」と留田さん。確かに誰もやったことがない未知の仕事、自分にしかできない仕事を完遂したという喜びは格別だろう。

「私が入社したのは、広告用ディスプレイを製作するために大型インクジェットプリンターが使われ始めた時期。その後、需要が伸び、得意先の業種も広がりました。いい時期に入社したと思います。飽きるということがまったくありません」

仕事のおもしろさをこう語る。

そんな留田さんは、デジタル機の需要は今後もまだまだ広がると感じている。「デジタル技術を使っ

▲顧客の要望を具体化する仕事に喜びを感じると話す留田さん（同社ショールームにて）

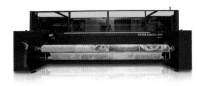

▲セルカムが取り扱う各種プリンターの一例。3Dプリンター（左）、インクジェットプリンター（中）、ガーメントプリンター（右）

たビジネスは、無限の可能性があります」。顧客同士の異業種連携で、思いがけないビジネスが生まれ、同社への要望も多様化しているようだ。「海外製品の動向に目を配り、これまでの日本にないもの、規格外のものを仕入れて売っていきたいと思います」と意欲を見せる。

費用全額会社負担の研修旅行も

同社が海外製品を取り扱うようになったのは10年ほど前。「海外には特徴ある商品、とがった商品が多い」と、安藤社長は海外製品を扱うようになった理由を説明する。顧客の多様な要望に応えるため扱うようになったその海外製品も、今では製品売上の4割ほどを占めるに至っている。

当然、海外メーカーの最新の動向を知る必要があり、社員の海外出張の機会は多い。「しょっちゅう海外に行っている気がします」と留田さんも話す。このため、ある程度の語学力が社員には必要になるが、セルカムでは会社負担で、講師を招いて英会話教室を開いている。

取扱製品に関する知識も、基本的には先輩社員に同行して得意先回りをしたり、社内に設置されているセミナールームで開く説明会に参加したりして取得していく。海外で開催される展示会に参加することで得られる知識もある。

「社内での遊びで学ばせる知識もあります」と、安藤社長は人材育成に関して、意味深な言い方をする。「遊ぶ」というのは、社内に設置されているシミュレーション用の機器を自分で動かし、実際にものをつくってみること。目を

輝かせて機器を操作する社員が多いという。「メカ好き」の人が集まる同社ならではの光景だろう。

平均年齢が36歳と若く、服装も自由で、好きな仕事を存分にできるという明るい雰囲気の同社だが、その雰囲気をさらに明るくしているのが、年1回の全社員による研修旅行である。費用は全額会社負担で、原則として国内と海外に隔年で旅行に出かける。自由度が高い同社らしく、旅行先での行動も自由だが、社員の間では意外にも「せっかくの機会なので、宴会など社員が一堂に会して話ができる時間が欲しい」という声が多いようだ。どんな機会でも自分の糧にしたいという社員が多いのもまた、この会社らしさと言えるだろう。

INTERVIEW
わが社の魅力を語る

代表取締役
安藤 幹さん

ビジネスの醍醐味が得られる会社です

セルカムは大型インクジェットプリンターやシートカッティングシステムなどのデジタル機器販売を主な業務とする、BtoBビジネスの会社です。お客様は100％国内企業で、規模の小さい企業が多いため、多品種少量販売が私たちのビジネススタイルになります。

「お客様が私たちの商品を使って利益を上げられるかどうか」を重視しており、お客様の費用対効果を計算して最適な商品を提案し、仕入れて販売、さらに、メンテナンスまでサポートします。社員にとっては「自分で仕入れて売る」というビジネスの醍醐味が得られる会社と言えます。

会社DATA	
本社所在地	大阪市中央区大手前1-7-31 OMMビル19階
設　　　立	1988年4月　**代表者**：代表取締役　安藤 幹
資　本　金	2,000万円　**従業員数**：40名
事業内容	機器販売、資材・消耗品販売、ソリューション（機械設計ノランニング）
主な支援制度	資格取得支援（第2種電気工事士）
U　R　L	https://www.selcam.co.jp/

機械・金属
電機・情報
化学・繊維・食品
建築・住宅・不動産
環境・エネルギー
商社・サービス・印刷・映像

▽ ダイヤモンドエレクトリックホールディングス株式会社

グループの技術力を融合して V2G に邁進
——車と家をものづくりでつなぐ技術開発

ここに注目！
- ◇ 多様な背景を持つ仲間達が活躍できる環境づくり
- ◇ グループの力を One Team として高みを目指す

ダイヤモンドエレクトリックホールディングスの中核会社である、ダイヤモンド電機で技術本部開発部 開発1課（東京）に所属するグェン・ズィ・トックさんは、車載部品の制御ソフトウエア（ファームウエア）の開発を担う。デバッグなどを繰り返し、要求仕様通りに実行するかを確認するのが主な仕事だ。

近年、温暖化対策をはじめ世界のエネルギー問題を背景に、電気自動車（EV）へのシフトが進みつつある。一方で、家庭や事業所のIoT（Internet of Things）化も急速に進展している。IoT技術を生かし、EVと地域電力網を接続して電力を相互供給する「V2G（Vehicle to Grid）」の実現が、グェンさんが所属する開発チームの最終目標だ。

V2Gでは、EVを乗り物としてだけでではなく、社会インフラの1つとして捉える。EVの蓄電池の電力を放充電し、需給バランスを調整することで電力の平準化や省電力化を図る。太陽光による発電が行われる日中はEVが余剰電力を蓄え、電力需要が高まる夕方以降に電力を放出して天候や気温の影響を受けやすい再生可能エネルギーの活用を促進させる狙いもある。

「非接触で電力を受け渡しできる双方向充電器や小型の電力変換機器などの開発に関わっています。環境負荷の低減や効率的なエネルギー利用に貢献したい」。グェンさんはこう意気込む。

両社の強みを組み合わせて技術力を向上

ダイヤモンド電機は1937年に創業。それまで輸入品に頼っていた自動車用点火コイルを初めて国産化した。現在、点火コイルなど自動車用電装品のほか、エアコンや給湯器向けの電子制御機器などを製造する。2019年1月にはトランス（変圧器）やパワーコンディショナー（パワコン）を製造する田淵電機をグループ会社化した。

パワコンはインバーターの一種で、太陽光発電システムでつくった「直流」の電気を、家庭内で使用できる「交流」に変換する装置。ダイヤモンド電機は小型化や絶縁など電装品製造で培ってきた技術を有しており、田淵電機のパワコン関連技術と組み合わせることでEV向けの双方向充電器や電力変換機器の開発を進めている。同時に、ここ数年は国籍や年齢、性別

▲ファームウェアの開発を担うグェンさん。現在の業務にやりがいを感じている

▲ダイヤモンドエレクトリックグループが扱う製品の一例。マルチ点火コイル（左）、絶縁双方向充電システム（中央）、住宅用蓄電池ハイブリッドシステム EIBS7（右）

を問わず、優秀なエンジニアを積極的に採用し、技術力の底上げも図ってきた。両社の経営トップを務める小野有理社長は「それぞれがナンバーワンを目指し、さらに強みを持ち寄ればオンリーワン企業になれる」と期待を寄せる。

グェンさんは母国ベトナムのハノイ工科大学の出身。台湾の国立台湾科技大学大学院で学んだ後、2016年にベトナム田淵電機に入社。2019年にダイヤモンド電機に移籍し、現在の業務に従事している。

「行動を起こさなければ経験が得られないという気持ちで日本企業に飛び込みました。戸惑いや不安があったら、ここにはいないでしょう」。入社当時からの強い決意をこう振り返るとともに、日本

で技術を習得しようとする意志が伝わる。

異国での「冒険」とそれを支える「環境」を通じて成長

グェンさんは、職場ではパソコン画面に向かって黙々と作業をこなす毎日。日本語を話せないので言葉の壁にはぶつかるときもあるが、その克服に向け努力をしている。

上司は新潟県に在住し、在宅勤務をしており、月に1〜2回、東京オフィスに出社するが、それ以外は基本的にメールやWEB会議で指示を受けたり、問題があれば報告をしたりしている。「上司はいつも私をサポートしてくれる。同僚も経験豊富な人が多く、アドバイスもたくさんもらっている」と、周囲への感謝を忘れない。

グェンさんは日本での仕事や生活を「冒険」と表現する。日々、稀有な出来事に遭遇し、挑戦することを繰り返しているからであろう。「ここ（日本）で経験を積み、知見を広げ、さらに自分自身を成長させたいです」。さらに冒険を重ね、前進しようとする意志をこう語ってくれた。

ダイヤモンドエレクトリックグループは、「多面的に輝き働く仲間たち、多様に色柄織り成し働く仲間達が活躍できる」を目指し、多様な背景を持つ人材それぞれを大事にする環境づくりを行っている。例えば海外からの人材に関しては、日常生活の困りごとの支援に加え、日本文化を体験するイベントの開催や語学のフォローアップなどの仕組みを整えている。

INTERVIEW
わが社の魅力を語る

代表取締役社長 CEO
小野 有理さん

耀き疾走する仲間達との再生物語

独禁法の影響で苦しんでいたダイヤモンド電機の再生を創業家の懇請を受け2016年に社長を引き受けました。人員削減は一切行わず冗長費撲滅等経費節減の徹底によって2018年3月期最高益を更新、再生を早たしました。

私は社員を従業員と呼ばず「仲間達」と呼びます。2018年には倒産目前であった田淵電機を救済し「仲間化」、

二社同時再生に取り組みながら、公器として永続する企業を目指し、生存最適規模である売上高1,000億円を掲げた「Diamond Shine Again 2021」に挑戦しています。多面体に輝くダイヤモンド電機の仲間達、多様に色柄織り成す田淵電機の仲間達みんなで、ものづくりを通じて人々が幸せになるべくがんばっています。

会社DATA

本 社 所 在 地：大阪市淀川区塚本1-15-27
設　　　　立：2018年10月　**代表者**：代表取締役社長CEO 兼 グループCEO　小野 有理
資　本　金：1億2,000万円　**従業員数**：4,681名（グループ連結）
事 業 内 容：自動車機器事業、電子制御機器事業及び附帯関連する一切の事業を行う子会社等の経営管理及びそれに附帯又は関連する業務
U　R　L：https://www.diaelec-hd.co.jp/

株式会社ユニオンシンク

中堅・中小企業の IT 化を支援
——直販体制に強み、自社開発パッケージソフトも充実

ここに注目！
- 企業業務に関する知識を持つ SE を育てる会社
- 文系・理系を問わず情報処理の知識を身に付けることができる

顧客のひとことが転機に

「私は『社長になりたいです』と塚本社長に申し上げました」。こう明かすのは、アテンダントシステムエンジニア（ASE）の秋田真宏さん。「社長になりたい」というのは仰天発言のように思えるが、実は「経営者を目指すぐらいの心構えで仕事に臨んでほしい」。それが塚本泰伸社長の社員に対する思いであり、その期待に応えようとしているのである。

ユニオンシンクは全国の中堅・中小企業の IT 化を推進する独立系のシステム会社であり、製薬業界を中心に、品質管理や業務統制、作業効率化を支援するシステムの開発・販売・保守を一貫して直接販売している。大手の下請けが多いソフトウエア業界の中にあって直販体制を敷いているのも、『顧客に寄り添い課題を共に深掘りし、迅速かつ的確に対応する』ためである。そのため SE であっても、システム開発のスキルだけでなく、企業内の業務から経営に至るまでの幅広い知識も持っていなければならない。

秋田さんは現在、36 歳。同社には新卒採用で入社した。「SE になりたくて入社しました」というが、出身大学の学部は文系である。情報処理に関する知識や企業の業務に関する知識などはなく、開発業務に従事する中で技術習得を行うかたわら、先輩 SE や営業に同行することで企業内の業務や経営のあり方についての知識を身に付けた。「この会社を選んだのは、自分たちで直接、エンドユーザーを支援できること」。就活当時は「営業にも魅力を感じていた」という秋田さんが、直接顧客と接点を持ち、親身に対応できる同社を選んだのは必然だったと言えよう。

ただ、もちろん SE としてのスキルと業務知識を同時並行で身に付けていくのは並大抵のことではない。「こんな調子で大丈夫なのだろうかと、何回も不安になりました」と、秋田さんは率直に話す。そんな秋田さんにとって、ステップアップする転機となったのは、「秋田さんに担当してもらってよかった」という顧客からのひと言

▲顧客に寄り添い、業務改善を提案する秋田さん

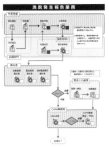

▲スキル管理から e- ラーニング、テスト実施・結果管理まで、教育の実施と管理を一括で支援する「教育デザイナー」

▲直観的な操作で業務フローをカスタマイズできる品質管理システム「品質デザイナー forGxP」

機械・金属

電機・情報

化学・素材・食品

建築・土木・設計

環境・エネルギー

商社・サービス・印刷・映像

だったという。こんな体験ができるのも、直販体制を敷いている同社の社員ならではだ。

サポートセンター長の時代には、システム導入後の顧客からの問い合わせに応じる中で、「クレームを聞くこともあった」という。これも勉強になったという秋田さん。現在は業務改善を提案し、運用開始に至るまでをフォローするアテンダントシステムエンジニアとして、営業担当者とともに顧客に寄り添う忙しい日々を送っている。

食品業界の品質管理に注力

同社は新規の顧客を、主に展示会出展やセミナー開催で獲得している。社員にとっては、こうした場も企業の業務に関する知識を学ぶ格好の場となる。情報処理に関する知識は、新入社員研修と、定期的なフォローアップ研修で早い時期に身に付けられるようになっているが、企業の業務に関する知識は、やはり実践の場で身に付けていくしかない。企業における業務のあり方は日々進化していくため、同社がどの業界向けに重点を置くかも、社会情勢の変化などにより変わっていくからだ。

同社が販売している自社パッケージソフト「デザイナーシリーズ」の中で、得意としているのは品質管理ソリューション。薬事業界向けでは自社調べで国内トップシェアを獲得するなど、圧倒的強みを持っている。ただ、「今後注力したいのは、食品業界向けの品質管理ソリューションです」と塚本社長は言う。国際的な食品衛生管理基準の HACCP に沿った管理が食品製造業者に義務付けられていく中、そこを支援するシステムが少なく、今後課題を抱え困られる顧客が増えてくるからだ。

『顧客のニーズに対し、他社ができないことを率先して迅速に提供する』という "バリュープロポジション" の考え方を戦略として実行する同社にとって、食品業界は今後、大きなマーケットになる可能性を秘めた魅力的な業界である。社員にとっては、食品の品質管理に関する業務知識を得るという新たな課題に取り組むことになるが、現代の最も重要な課題解決への取り組みが、モチベーションのアップにつながるのは間違いない。

「社長になりたいという目標にどれだけ近づけるかはわかりませんが、お客様に満足いただけるような提案をすることで、自分自身のステップアップも見えてくると思います」と、秋田さんも自分自身を鼓舞し続けている。

社員を経営者として育てる会社です

代表取締役社長
塚本 泰伸さん

ユニオンシンクはシステム会社として、全国の中堅・中小企業の IT 化をお手伝いしています。お客様のお困りごとに寄り添い、ともに改善へと進んでいくため、直販体制を敷いております。自社パッケージソフトの「デザイナーシリーズ」とお客様ごとのオーダーメイドシステム、これらの設計・開発・保守の2本柱で、お客様の業務改善に貢献しています。お客様に寄り添い、要望に応えるためには、SE であっても企業の業務に関する知識や経営に関する知識を持っていなければなりません。このため社員には「経営者としてやっていけるようになれ」と言っており、そのための人材育成の仕組みも整えています。

会社 DATA	
本 社 所 在 地	大阪市中央区南船場 4-11-28 南船場ビル 5 階
設　立：1974 年 6 月　**代表者**：代表取締役社長　塚木 泰伸　**資本金**：1 億円　**従業員数**：151 名	
事 業 内 容：各種システムのコンサルティング・設計・開発・保守、自社パッケージソフトの開発・販売・保守、連携ソリューション（販売提携）	
主な支援制度：新入社員教育（フォローアップ研修含む）・セミナー受講支援・資格取得支援	
U　R　L：https://www.utc-net.co.jp/	

▽ 赤穂化成株式会社

海洋科学の開発技術をベースに5分野で事業展開
——ユーザーの要望を先読みして開発・提供

ここに注目！
- ▷ とことん研究に没頭できる社風
- ▷ 社員の自主性を尊重し、新たな開発に挑む

「自分がこういうことをしたいと言えば、そうさせてくれる。これが社風であり、強みです」

こう切り出すのは、技術開発部サブグループ長の中原知美さん。赤穂化成で研究職として現在、セラミックスを軸とする機能材の開発に携わっている。

入社はITバブルが崩壊した就職氷河期の2003年。それまで大学院でセラミックスの研究をしており、「就職が難しいときに採用いただいた」と感謝する。入社後に配属されたのは今の部署だったが、最初に手がけた研究は海水から微量ミネラルを分離・回収する、今までの専門とは異なるものであった。

期待高まる機能材

赤穂化成がある兵庫県赤穂市は、江戸時代に大規模な塩田開発が行われ一大塩生産地になった。同社も塩業の赤穂東浜塩業組合がルーツ。そのため中原さんは社業の土台を新人時代に学んだ。1年後、現在の機能材開発に携わりはじめ「やっと自分のフィールドに戻った」と振り返る。

主に5事業からなる赤穂化成。中でも、池上良成社長が最も期待するのが機能材事業。長年培ってきた無機ミネラルの基礎技術を生かして取引先の仕様に最適となるスペックへと調整し、従来製品の高機能化に貢献するのが役目だ。これまで化粧品や自動車、電機

メーカー向けに製品を提供している。その中のチタン系黒色顔料「ティラックD」は電気抵抗の高さを生かし、電気を流さない黒色顔料として採用が広がるほか、ティラックDから派生した光輝材「ブラックダイヤモンド」は、流通する光輝材だと発生しやすい白ぼけを防ぎ、黒さと輝きを同時に実現できる。

社外でも勉強

中原さんが属するのはユーザーからの意見をもとに試行錯誤で顔料をつくる仕事で、業種や色合いなど評価軸が数多くある。研究は時間がかかる。中原さんは「あるユーザーは製品が2～3年で必要になると話し提供したが、採用

▲機能材の開発を手がける技術開発部サブグループ長の中原さん

▲ブラックダイヤモンドの一例

▲工場内の高純度塩類の製造設備

▲自由に動ける社風が技術開発の追い風
となっていると力説する中原さん

まで5年を要した」と、研究には時代やユーザーが求める製品を先読みして開発する能力が求められると力説する。そのことは会社も理解しており「課題にアプローチするのに展示会や講習会、大学といった外に行くことを許可してくれる」(中原さん)。個人で自由に動ける社風が技術開発の追い風となり、その場で得られる情報や引き出しが開発のヒントになっている。

当然、開発期限をはじめ厳しいミッションがあるが、他の開発に挑む社員との意見交換も日常盛んに行われており「協力できる体制があるのでクリアできている」と中原さん。研究職の社員は他部署への異動が少ないので「いい意味

でエキスパート」(同)になれるため、年スパンで異動辞令が発動される大手企業ユーザー担当者の「引き継ぎを手助けしたこともある」と笑う。

日々の仕事を通じて「非常にうまくいけば市場に出て『こういうものに使われているのか』と、やりがいは得られる」と話す。さらにユーザーから任されるため「使命感はある。そのため要望や情報を引き出していくのが大切」と振り返る。

次なる飯の種を探す

現在、中原さんには1名の部下がいる。赤穂化成では新入社員は先輩の元で仕事を学び、2年目以降に本人の成長を見て独り立ち

させている。中原さんも同じように育ったため、最適な部下の独立のタイミングを見極めている。「会社が挑もうとしているのは新しいモノをつくること。会社の次なる飯の種を自分で探せるか」がその時期という。「今は精いっぱいだと思うが、余裕が生まれてくれれば」と先輩として経験を惜しみなく伝えている。

今後の開発は守秘義務で言えないそうだが「非常に長い年月をかけてきた製品が立ち上がって実績ができてきた」大切な時期と捉える。「ユーザーの要求に応えつつ確実に根を生やして捉えないといけない」。あぐらをかくことなく、機能材の最先端を突っ走っている。

INTERVIEW
わが社の魅力を語る

代表取締役社長
池上 良成さん

「新しい海洋文化」の創造で、広く社会に貢献します。

赤穂化成は化成品や機能材、調味、健康、食材の5事業で構成する会社です。また、工場内に伝統の塩作り体験などを通じて和食文化を情報発信する「天塩スタジオ赤穂」を開設するなど、赤穂の塩文化や新たな海洋文化を、後世に伝える活動を行っています。これを含めた取り組みが評価され、2018年には経済産業省の「地域未来牽引企

業」に選ばれました。

そして現在は、これまで培ってきた「海洋科学の開発技術」をベースに新事業への展開を進めています。これからも海洋科学の技術開発に挑み、さらなる製品の品質向上に努めてまいります。

会社DATA

本社所在地：兵庫県赤穂市坂越329
設　　立：1971年11月　**代表者**：代表取締役社長　池上 良成
資　本　金：3,000万円　**従業員数**：200人
事業内容：化成品事業、機能材事業、調味事業、健康事業、食材事業
主な支援制度：退職金制度（確定拠出年金）、資格取得補助および資格手当支給、健康増進のためのスポーツジム設置、新入社員歓迎ボーリング大会およびスポーツ大会、周年事業としての社員旅行
U　R　L：https://web.ako-kasei.co.jp

機械・金属

電機・情報

化学・素材・食品

運輸・土木・建材

環境・エネルギー

商社・サービス・印刷・映像

化研テック株式会社

洗浄・接着・剥離で困りごとを解決
——洗浄剤と洗浄装置の一体開発で電子部品メーカーなどに食い込む

ここに注目!
- ▷ 大企業に匹敵する処遇で社員のモチベーション高める
- ▷ 「若手経営会議」など活用し社員の意思疎通と人材育成にも力

「社に必要な人間と認められる」

「エポキシ樹脂ってそもそも何?こんな疑問から、私の社会人としての第一歩が始まりました。とにかくわからないことだらけでした」。営業部の川村麻実さんは、入社当時をこう振り返る。

川村さんは2012年に新卒採用で化研テックに入社した。出身学部は外国語学部。化学品に対する専門的な知識は持ち合わせていなかったが、「自分が育った関西に本社があり、規模が比較的小さくて、外国語の知識が生かせる会社に行きたいと思っていたところ、この化研テックが目に止まり

ました」という。入社の決め手となったのは、会社説明会で堀薫夫社長といきなり出会い、面接でも社長と対面したことである。「社長と社員との距離が近く、風通しのいい働きやすい会社」と直感したのだ。

風通しがよく社長とも話がしやすいという印象は、入社後も変わらなかった。ただ、化学品の知識がないことはやはりハンデで、ネットなどで情報を集めたり、技術系の先輩社員に教えてもらったりしながら、必死で勉強する毎日だったようである。

入社後4年間は開発支援部に所属、得意先からの改善要望を開発部隊に伝える仕事に当たった。

その後、営業部に移り、主に電子部品などの洗浄剤と洗浄装置の営業を任されている。「製品が売れれば会社に貢献できたという実感が湧くので、モチベーションが高まります」と、営業という仕事のおもしろさを説く。

また、川村さんは「社員にできるだけ報いようとする社長にも感謝しています」とも話す。その社員に報いる姿勢の1つの表れが、資格手当制度だという。英語は得意な川村さんだが、「海外取引に携わるためには貿易の知識も必要と考え、貿易実務検定を受けました」。その検定に合格したことで、資格手当が付くようになった。

「会社にとって必要な人間と認

▲風通しの良い働きやすい会社で営業に励む川村さん

▲電子・電気分野に提供している
　フラックス洗浄システム

▲フラックス洗浄スプレーをはじめ
　各種洗浄スプレーを扱う

▲導電性や放熱性に優れた
　導電性銀粉・銀ペースト

機械・金属

電機・情報

化学・素材・食品

建築・土木・設計

環境・エネルギー

商社・サービス・印刷・映像

められていることがわかり、モチベーションがさらに高くなりました」と、より一層業務に励んでいることを伺わせる。

社是の最初の言葉は「人を愛す」

「人を愛し、商品を愛し、会社を愛し、信用を重んず」が、同社の社是である。堀社長は「人を愛すという言葉を最初に持ってきているように、人を大事にするというのが、当社の基本姿勢です。社員とその家族が幸せになることが一番大切です」と強調する。

そのためには「給与水準を大企業並みに保つことが重要」と話す堀社長。頑張って業績を上げれば報われるということを形で表すため、賞与も営業利益率に完全に連動させており、ピーク時には上場企業の中に入ってもトップ10に入るくらいの水準だったという。

夜8時以降を原則残業禁止にしているほか、人事異動も家族の事情などに最大限配慮する。堀社長がこうした社員の処遇改善とともに、もう1つ力を入れているのが、働きやすい職場環境づくりである。経営方針を全社員に直接伝えるとともに社員同士の意思疎通を図るため、年に1回は全社員が集まる総合会議を開催して議論をさせる。また、社員の具体的な不満などはスマートフォン経由で匿名で拾い、ただちに改善に当たっている。

社長と入社3年以内の若手社員だけが集まる「若手経営会議」という名の会議も2カ月に1度のペースで開催している。これは若手に経営感覚を付けさせる人材教育の場でもある。「女性が働きやすい職場づくりにも力を入れ、女性を積極的に採用・登用したい」と、堀社長は女性の戦力化にも前向きだ。

川村さんもこの期待に応えるかのように、「電子部品が自動運転車や先端医療機器などに多く使われるようになれば、人の命にかかわるので異物混入が絶対に許されません。洗浄装置の信頼性向上に努めていきたいです」と抱負を述べる。「ホームページを改良して新規の受注ができる機能を付け、得意先を訪ね歩く回数を減らすなどの営業支援もしてみたい」と、川村さんは将来も見すえている。

INTERVIEW
わが社の魅力を語る

代表取締役社長
堀　薫夫さん

海外展開も今後積極化します

化研テックのキーワードは「洗う」「はがす」「くっつける」です。私の父親が有機溶剤の販売会社として創業しましたが、私が社長職を継いでから、当社を研究開発型企業に変えました。今では売上高の95％ほどを、ゼロから立ち上げた事業が占めています。主力は電子部品向けをはじめとする洗浄剤と洗浄装置で、両方をすべて自社で開発・設計・製造し、セットで提供できる会社は他にないと思います。また、いがぐり状など特殊な形状をした銀粉を使用して導電効率を高めた接着剤にも力を入れています。海外展開も今後活性化させる方針で、そのための人材育成にも注力していきます。

会社DATA	
本社所在地：大阪府交野市森北1-23-2	
設　　　立：1966年7月　代表者：代表取締役社長　堀　薫夫　資本金：8,250万円　従業員数：87名	
事 業 内 容：各種環境適応型洗浄剤、洗浄スプレー、洗浄装置、印刷用帯電防止剤、塗装ブース用各種薬剤、高温潤滑離型剤、機能性接着剤（導電性接着剤、高伝熱性接着剤）	
主な支援制度：資格取得支援制度、職務発明規程、報奨制度	
U　R　L：https://www.kaken-tech.co.jp/	

▽ 神戸合成株式会社

市場を、業界を変える変革する総合ケミカルメーカー
──不燃性ブレーキクリーナーなど業界初の商品を提供

ここに注目！
- 人育成の拠点・本社工場から高度な人財を輩出
- 多数の社内イベントなどを通じて強固なチームワークを形成

海外に巣立つ人材を輩出する拠点

ボディーコーティング剤など自動車・二輪車向けのケミカル製品を製造・販売する神戸合成。2002年に兵庫県小野市の工場団地に本社工場を移転・拡充し、人材育成の拠点としても機能させている。「本社工場の現場で多様なスキルを獲得し、いずれは海外工場の責任者として、または海外市場の営業として巣立ってほしい」。宮岡督修社長はこう期待を込める。

神戸合成の強みは、同業他社にはない「完全一貫生産体制」。コーティング剤やワックスなどの原液の研究開発および生産から充填までを一貫して行う。「生産（生ま

れて）から結婚まで」と宮岡社長が表現する生産体制により高品質かつ即納での製品の供給を実現している。

本社工場で期待されている若手の1人が、生産本部 エアゾールグループの鈴木健斗さん。クルマやバイクなどのコーティングで用いるスプレー缶の製造を担当。製品ごとにまとめられたチェックシートに即して適切な原液とガスの量を設定し、エアゾール缶に注入する作業などを行っている。取り扱う製品は多品種であるため「頭の中を整理しつつ落ち着いて作業をすることを心がけている」という。

ただ、そんな鈴木さんには苦い思い出がある。製品の完成後にもチェックシートを用いて確認作業

を行うが、チェックシートを取り違え、誤った記入をしたのである。社内でのチェックシートの運用方法の見直しに加え、品質保証グループによるダブルチェック体制の導入につながるほどの問題となった。1人で作業ができるようになったタイミングでの失敗だっただけに、「当時は相当落ち込みました」と鈴木さんは振り返る。

現在は、「自分自身で必ず確認することを心がけている」という鈴木さん。ダブルチェック体制を敷いているとはいえ、ヒューマンエラーゼロはそう容易に達成できるものではないからで、このような意識を常に抱き、品質確保に努めている。

生産管理の分野では仕事に携わる1人ひとりが、『次』の『工程』

▲強固なチームワークで高品質な製品を供給する本社工場の皆さんと鈴木さん（写真中央）

▲完全一貫体制で供給する製品の一例

▲本社機能のある神戸合成ホールディングス内では高級ウイスキーのように製品がずらりと並ぶ

▲鈴木さんはすべての製造装置を操作できるよう日々、自己研鑽を続ける

は『お客様』であると思って、1つひとつ目の前の仕事に責任をもって完結させるという鈴木さんの心がけは、次工程はお客様に通じるものであり、こうした意識が神戸合成の品質を支えている。

強固なチームワークとフランクな雰囲気

神戸合成は多様な商品を扱っており、工場内では様々な作業を短納期で行う。それゆえに、宮岡社長が率先してチームワークづくりを大切にしている。

その一環として、研修期間中に社員で食事をつくる活動をしている。小野市の会社寮で男性社員は合宿形式で、女性社員は自宅通いで集まり、予算の範囲内で朝食と夕食を用意。食事を共にすること

で同世代の連携を深めている。ほかにも新年会や忘年会、年に1回の慰安旅行に加え、2〜3カ月単位で社員の誕生日会も開催している。多数の社内イベントを開通じて、あたかも家族のような関係性を築き、強固なチームワークをつくり上げている。

また、こうした取り組みは社員の成長にもつながっている。鈴木さんは入社当初「会社のフランクな雰囲気に驚かされた」と言うが、そのお蔭で「先輩社員に何でも何回でも質問することができました。製造現場の全体像の理解につながり、自身の成長につながった」と振り返る。また、このような職場の雰囲気を「やる気のある人が育つ。また、やる気のある人間を育ててくれる環境」と続ける。宮

岡社長の狙い以上の効果が表れているようだ。

とはいえ、鈴木さんはまだまだ若手。エアゾールの製造ラインで操作できない製造装置があり、「まずはできないことをなくす」ことを目標に掲げる。同時に、フォークリフトの運転免許に加え、危険物取扱者などの資格取得にも意欲を示している。さらなる成長が期待できそうだ。

神戸合成は、独自の「完全一貫生産体制」を強みとしている。それによる高品質な製品の供給で評価されている。宮岡社長がつくり上げた強固なチームワークと、これを背景にする成長する1人ひとりの社員の力が支えとなっていると改めて気づかされた。

INTERVIEW
わが社の魅力を語る

代表取締役社長
宮岡 督修 さん

市場を変える製品を送り出す総合ケミカルメーカー

神戸合成は、創業して間もなく60周年を迎えます。二輪車のケミカル製品では市場でダントツのトップシェアを誇ります。2006年には自動車のボディー用ガラスコーティング剤を業界で初めて開発・製造しました。2015年に開発し、2016年に販売を開始した不燃性ブレーキクリーナー「ZERO-FIRE」も業界初の製品で、自動車整

備業界などで急速に普及しています。今後も、このようなチャレンジングな製品開発に取り組むつもりです。

アジア市場への進出を本格化しつつあり海外にも活躍の場が広がっています。国内にとどまらず社会のために働く気概のある方が加わってくれることも期待しています。

会社DATA	
本社所在地	兵庫県小野市匠台10番地
創業・設立	1963年1月　**代表者**：代表取締役社長　宮岡 督修　**資本金**：6,000万円
従業員数	31名
事業内容	自動車・二輪車ケミカル製品製造販売、プラスチック成型用ケミカル製品製造販売
主な支援制度	新入社員（中途採用含）1か月導入研修制度、各種資格支援制度
URL	http://www.kobe-gosei.co.jp/

三和化工株式会社

発泡製品で産業や暮らしを支える
——国内で初めてポリエチレンフォームを量産したパイオニア

ここに注目！
- 小回り・スピード・親切・丁寧といった「三和らしさ」を行動指針として体現する社員が活躍
- 人づくりを経営の根幹に据え、世界への進出目指す

ポリエチレンフォームは断熱材や緩衝材、シール材として建築物や自動車、家電製品、工業用品などに欠かせない素材。水泳用のビート板やシャンプーハット、子どもの遊び場に敷くジョイントマットなど身近な製品にも多用されている。

三和化工は、その量産技術をいち早く確立したパイオニアとして知られる。「ブロック方式」と呼ばれる発泡方法を採用し、分厚い板状の製品を供給できるのが強みだ。板状の製品に裁断や打ち抜き、粘着、熱圧成形などの加工を施すことで、顧客の様々な要望にきめ細かく応えている。ゆえに、顧客との橋渡しを担う営業担当の役割は重要だ。

関西支店で支店長を務める上田純次さんは、「具体的な相談を持ちかけられたり、本音を打ち明けたりしてもらえるような親密な関係を築こうと常に意識している」と話す。新製品提案や情報収集のために足繁く訪問することはもちろん、顧客の要望に応じて商品説明会を開くこともある。最近は業種や用途を絞り込んで、特定の製品を重点的にPRするなど、顧客への情報発信やセールス活動を強化している。

また、関西支店では注文受け付けや在庫管理、製品の配送手配など、営業支援業務担当者の交流会を取引先との間で少しずつ始めた。「同じ業務の担当者同士が互いに顔や性格を知っていれば、納期や出荷量など調整が必要な場合に融通が利く。双方にとってメリットが大きい」。こう理由を語る上田さん自身も積極的に参加し

て良好な関係を構築し、連携を深めている。

10年かけて新製品納入の成約にこぎつける

三和化工は、1965年にポリエチレンフォームの専業メーカーとしてスタートした。1980年には水や空気を吸う性質を持ったポリエチレンフォームを世界で初めて開発。現在も自動車や家電製品への水の侵入を防ぐシール材などとして広く販売されている。

2015年には創立50周年を迎え、「小ロット」「多品種」「小回り」「スピード」「親切」「丁寧」など10項目の行動指針を明文化した。「大量生産・大量消費の時代が終焉を迎え、ライバルの大手企業とは異なる三和化工らしさが生かせる時代になった」。吉田典生社長

▲関西支店長の上田さんは若手営業マンの育成にも力を注ぐ

▲ポリエチレンフォーム「サンペルカ」をはじめ三和化工が供給する素材は様々な用途で使用されている。写真は製品の一例
左よりスポンジ スツール、カラーポリモック コースター、部品輸送箱 緩衝材（通函）

は、その狙いをこう強調する。以来、この『三和らしさ』を行動指針として、顧客満足度で信用・信頼を築き、ともに成長・発展することを目指して活動している。

現在、支店長を務める上田さんは入社以来、20年以上にわたり営業畑を歩んできた。「苦しい経験も沢山してきた」と吐露するが、「最近、うれしかったことがある」と語る。これまで、上田さんを含む歴代の営業担当者がバトンを受け継ぎ、ある顧客に10年にわたって新製品をPRしてきたが、成約に至らなかった。そんな難攻不落とも言える相手からオーダーをいただいたのだ。

「その顧客に助けてもらったことが何度もあり、そのお返しをどうしてもしたかった」。上田さん

は、関西支店全体でPRを続けた理由をこう語る。また、「普段から営業支援業務担当者同士で連携を図り、きめ細かく対応をしてきたことも大きい」と続ける。顧客への思いに加え、顧客満足度で信用・信頼を築くという行動指針を実践した結果と言えよう。

経験を受け継ぐことが会社の永続に

現在、植物由来のバイオマスポリエチレンやセルロースナノファイバーを活用した新製品の開発に加え、ベトナムに工場を設立し海外事業展開にも力を入れる。

そのためには「人づくりが根幹になる」と吉田社長。社内に「次世代リーダー養成塾」を立ち上げ、対象となる30歳前後の社員は財

務会計など幹部候補生として必要なスキルを学んでいる。語学力アップのために社員の長期海外派遣も始めた。

関西支店の営業担当者は20代～30代の若手が多く在籍する。「営業マンとしての経験を伝えていきたい」と、上田さん自身も人材育成にも意欲を見せる。さらに、「彼らの成長が100年、200年と会社が永続するベースになればうれしい」と熱く語る。そんな上田さんに吉田社長は「（上田さんは）部下とのコミュニケーションが取れる人材。世界で活躍できる若手を育ててほしい」と期待を寄せる。上田さんは『三和らしさ』を継ぐ、後輩の育成でも大きな役割を担うようだ。

INTERVIEW
わ が 社 の 魅 力 を 語 る

代表取締役社長
吉田 典生 さん

大樹へと成長し会社を支える存在に

現在、ポリエチレンフォームや合成ゴムフォームに並ぶ事業の柱として、成形加工品の販売拡大や新素材の開発に力を入れています。事業を樹木に例えると、「新技術づくり」「新製品づくり」「新市場づくり」の3つの条件で構成される土壌を耕し、そこに人材という栄養素が加わって初めて大きく育ちます。

会社として地道に努力を続けられる人材を求めており、社内でもあせらず、じっくり育てていくつもりです。人も事業も最終的に枝葉の生い茂った大樹へと成長し、太い幹で会社を支えてほしいと願っています。

会社DATA

本 社 所 在 地：京都市南区上鳥羽仏現寺町56
設　　　　立：1965年10月（創業：1965年10月）
代　　　表　　　者：代表取締役社長　吉田 典生　資本金：3億7,542万1,500円　従業員数：186名
事 業 内 容：ポリエチレンフォーム、合成ゴムフォームの製造
主な支援制度：次世代リーダー養成塾、海外語学留学、50歳時点でのリフレッシュ休暇
U　R　L：http://www.sanwa-chemi.co.jp/

機械・金属
電機・情報
化学・素材・食品
建築・土木・設計
環境・エネルギー
商社・サービス・印刷・映像

▼ 野添産業株式会社

国内外の顧客と取引を行う総合商社でありメーカー
──プラスチックの再生原料を用いた製品開発で「循環型社会」を掲げ急成長

ここに注目！
- ▶「助け合い」を大切にする職場環境
- ▶ 男女問わずキャリアに応じた人材を積極登用

女性が活躍し
誰もが助け合う職場

　「私は今年で入社3年目ですが、副社長が女性ということもあり、いつも親身になってアドバイスをくださいます。おかげで日々やりがいをもって仕事に打ち込んでいます」

　こう語るのは、営業部営業開発課の中尾有紀子さん。主に電話による新規開拓の営業活動などを担当している。社内にいながらの新規開拓ということもあり、特有の難しさがある。それでも「何かあれば外回りの男性社員がフォローもしてくれます」と仲間の手厚い支援のもと、楽しんでやることをモットーに日々、業務に取り組んでいる。

　中尾さんが勤務する野添産業は「ストレッチフィルム」の供給で知られる。パレットに積載したダンボールなどを固定するために使用する包装フィルムで、その製造や販売に関わる取引は国内に留まらず諸外国まで及ぶ。そのため同社には海外事業部門があり、購買から品質保持までを一元して受け持っている。顧客と商品をつなぐ営業部門にとって海外事業部門は関係深い部署の1つ。社内、社外と人との関わりが非常に多いポジションを、中尾さんは今日も楽しみながら業務をこなしている。

　同じく、営業部営業開発課に所属する石田智美さんも野添産業で活躍する女性社員の1人。石田さんは2018年3月に入社。前職を含め、これまで様々な職種の仕事に携わってきたが、「自分が経験してきたことや身に付けたスキルがすべて生かせる環境」ということもあり、受発注のサポートから営業のアシスト、自社便を含む配送手配など事務方のジェネラリストとして様々な業務に当たっている。

　日々多忙を極める石田さんだが、いつも仕事をきっちりとこなしている。その理由は野添産業の社風にあり、「困ったら誰かが必ず助けてくれる。それは私に対してだけじゃなくて、困っている人を放っておかない、うちにはそういう空気というか環境があるんです」と語る。この社風と環境は、「助け合いは人として当たり前のこと」であると考える野添智子副社長の思いがつくり上げたもので、「みんなで助け合って頑張りましょうとこれまでやってきた」と語る。

　売上の急拡大に伴い現場の業務

▲新規開拓の営業を担う中尾さん（写真左）は今日も笑顔で業務に当たる

▲石田さん（写真中央）はジェネラリストとして日々、多様な業務をこなす

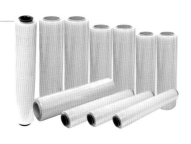

▲ストレッチフィルムは野添産業の主力
製品の1つ

▲「オンリーワン製品」認定のスゴエコ袋

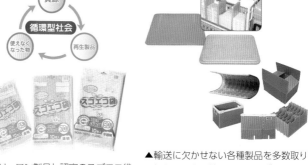

▲輸送に欠かせない各種製品を多数取り
扱う。写真は輸送用緩衝材ボード（上）
とプラダンケース（下）

量も増大している。それを追い風と捉え、これまでと同様に一蓮托生となって取り組み、事業の拡大を目指している。

変化を厭わず
成長を続ける企業体

同社では現在、増加する業務や受発注に対応するため、体制変更にも柔軟に取り組んでいる。直近では管理部門の強化に始まり、これまで本社のみで一括して行っていた全国の受発注を各拠点でも対応できるよう環境を整備し、社内でもメインとなる受発注部門の業務運用を大きく改善した。人員体制や機材を整えることはもちろん、石田さんのようなレクチャー担当者が営業所まで赴くことで直接、現場指導にも当たっている。事務方の担い手こそ女性だが、より社歴の長い営業所の男性社員とともに営業所全体でバックアップしている。

大幅な変化が必要なほど売上を伸ばし続ける理由は、国内取引が多い堅実さと事業の着眼点にある。経営理念に掲げる「循環型社会の構築」という姿勢のもと、主要な包装材の取引はもちろん、使用済みフィルムなど対象となるプラスチック製品を有価で引き取り、独自ノウハウにより自社工場で再生原料化する事業は注目度が高い。中でも、製造した再生原料100%で構成されるポリ袋「スゴエコ袋」は、本社がある東大阪市で「オンリーワン製品」として認定されて

おり、全国から高い評価を受けている。再生事業は、国際的な問題にも発展しているプラスチック製品の廃棄、海洋汚染や生態系への悪影響に対する問題解決の糸口として期待されており、強い関心を持つ国内外の企業からの問い合わせや取引が絶えないという。

ただし、成長は課題と隣り合わせでもあり、「やるべきことは山積しています」と野添副社長。「営業所を増やさなければなりませんし、各部門における管理職の育成を進めていく必要があります」と続ける。このように的確に課題認識ができる同社は、最近話題のSDGsへの先進的な取り組みと相まって、ますますの成長が期待される。

INTERVIEW
わが社の魅力を語る

代表取締役副社長
野添 智子さん

国際社会に貢献し、環境に寄り添う会社です

当社は1959年に現社長の野添一夫が創業し、1965年に株式会社化しました。創業時は段ボールや美装ケースなど包装資材全般を取り扱っていましたが、2004年に包装フィルム事業部を新設。また、2006年に資源リサイクル事業に取り組むようになってからは、包装用フィルムの製造・販売と、使用済みフィルムやポリエチレン袋の回収および再生原料を用いた製品の製造・販売を手がけています。

近年は環境問題に対する関心が国際的に高まっていますが、当社もプラスチック製品を取り扱う企業として環境に寄り添い、今後も、循環型社会の実現に向けて精力的に取り組んでいく所存です。

会社DATA	
本社所在地	大阪府東大阪市楠根 3-5-14
設立	1965年6月（創業：1959年4月）　**代表者**：代表取締役社長　野添 一夫
資本金	3,000万円　**従業員数**：132名
事業内容	包装資材の販売、ストレッチフィルムの販売（海外生産）、ポリエチレン袋の製造販売、再生ポリエチレン製品の製造販売、使用済みストレッチフィルムおよびポリエチレンフィルムの回収、再生原料の製造販売など
主な支援制度	資格取得支援制度
URL	http://www.nozoe-industry.co.jp/

▼ 松谷化学工業株式会社

植物由来のでん粉で多様な食を追求
——食の新たな価値を創造し創業100年、でん粉加工のパイオニア

ここに注目！
- ▶ 社員1人ひとりのライフスタイルを尊重
- ▶ 「社員は家族」の社風で専門人材が活躍

　「大学での研究成果や、そこで得た知見を大学の中にとどめるのではなく、産業界で役立てたい」。研究所 第一部 4グループの香月和敬さんは、入社の動機をこう切り出す。2016年4月に入社し、5年目を迎える。大学時代は、うどんやマヨネーズなどの製造技術に関する研究に携わってきた。

　同社を知るきっかけは、「大学4回生の頃、当社が手がける加工でん粉の存在を知ったこと」。松谷化学工業は、パン、レトルト食品、即席麺などで食感改良や、つや出し、保水性などの目的で利用されるでん粉加工品で圧倒的シェアを誇る。2019年に創業100年を迎え、消費者の嗜好の多様化に対応し、生活習慣病へとつながる健康上の問題を改善する、新たなでん粉利用の価値を提案し続けてきた。その1つに、多くのトクホ（特定保健用食品）に関与成分として採用されている難消化性デキストリンがある。天然のでん粉を原料にした水溶性の食物繊維で、おなかの調子を整えたり食後の血糖値の上昇をおだやかにしたりする。ほかにも内臓脂肪を低減させるなど多様な生理作用を備えており、でん粉加工のパイオニアと言える同社ならではの製品である。

ライフステージに合った働き方

　松谷化学工業が食品の特徴をより強化する素材を世に次々と送り出せる背景には自由な社風と、1人ひとりのライフステージに合わせた働き方を提供できる環境がある。また、このような特徴は多くの女性社員の確保につながっている。研究所では約4割を女性社員が占め、最近の新卒採用時の女性の割合も約半数を占めるという。

　また、育児休業への理解も高く、女性の育児休業対象者の育休取得率は100％を実現。育休取得後は、復帰した社員も活躍できる風土も根づいている。

　「仕事と子育ての両立を図るため、16時までの時短勤務を選択している研究員が同僚にいます。その方は限られた勤務時間でありながら、たくさんの成果も出しています。私が尊敬する研究員の1人です」。香月さんは自社の特徴をこう語るとともに、「1人ひとりの仕事のやり方、考え方を尊重す

▲希少糖の生産技術開発に取り組む香月さん

▲ 2001年に完成した研究開発センター

▲メキシコに新設した「プシコース」（アルロース）専用工場の竣工式。写真左は松谷義信副社長

る風土ならではですね」と続ける。

ライフステージに沿った働き方を支援し、また、社員はきちんと成果を上げる。このような風土が松谷化学工業にはあり、上述した、でん粉加工のパイオニアの地位を揺るぎないものにしている。

国内外ともに「社員は家族」

そのほかにも、月平均の残業時間が約10時間、有給休暇平均取得日数が年間約15日など、男女を問わず長年、勤続できる環境を提供している。また、社内には野球やフットサルなどのサークルも多く存在し、ビアパーティや社員旅行などの社内行事も盛んだ。社員1人ひとりの活動を尊重しており、それゆえ、あたかも「家族」のように活動できる。

このような社員1人ひとりを尊重する姿勢は海外展開でも伺える。海外の現地法人では現地スタッフを多く登用し営業活動を行う方針を貫いている。「食文化という言葉があるように、食は各国で独自の文化として根づいています。自社製品が現地に溶け込み、生活習慣に浸透するには現地の方に任せる方が好ましいはずです」。専務取締役希少糖事業本部長の渡辺力太郎さんは、その理由をこう話す。また、この言葉からは、国内の社員と同様、現地スタッフを尊重する姿勢が感じ取れる。

同社の最近のトピックスに、2019年11月に竣工した世界初となる希少糖「プシコース」（アルロース）の専用工場の建設がある。希少糖とは、その名の通り、自然

界における存在量の非常に少ない素材で、そのほとんどは量産化の技術が確立されていない。砂糖と比べてカロリーになりにくく、血糖値の上昇を抑えるなどの生理活性を持つものが多いという。

松谷化学工業は2003年から15年以上にわたり、国や香川県のサポートを得て香川大学と共同で希少糖を含む次世代甘味料の研究開発を行っている。新工場の稼働により一層の希少糖の普及が期待される。肥満・糖尿病などの健康上の諸課題は米国を中心に社会問題化しており、その解決に寄与すると国内外から注目されている。そして、こうした有意義な研究に関わる、香月さんをはじめ同社研究員の開発活動にも期待が集まっている。

INTERVIEW
わが社の魅力を語る

専務取締役　希少糖事業本部長
渡辺 力太郎 氏

イノベーティブな素材を食品業界などに提供

松谷化学工業は、1919年に創業者の松谷亀一郎氏が「澱粉商」松谷亀一郎商店を創業したのが始まりです。1934年には兵庫県伊丹市に工場を移設し、卸売りだけでなくメーカーとしての事業拡大を図りました。

100年にわたってお客様が抱える「問題解決」を命題に、様々なイノベーティブな素材を開発して食品業界など

に多岐にわたって提供。高い評価・信頼をいただいています。次の100年も、植物由来の素材から弛まぬ研究開発、技術革新を積み重ね、新たな発見・価値創造で、お客様の課題解決に貢献し続けます。

会社DATA	
本 社 所 在 地 ：	兵庫県伊丹市北伊丹5丁目3
設　　　　立 ：	1937年1月　代表者：代表取締役社長　松谷 晴世
資　本　金 ：	1億円　従業員数：450名
事 業 内 容 ：	でん粉加工品等の製造・販売
主な支援制度 ：	階層別研修制度・資格取得奨励制度
U　R　L ：	https://www.matsutani.co.jp/

株式会社ユニックス

独自の特殊コーティング技術で多様な製品に付加価値を
――顧客の表面処理やウレタンコーティングの悩みを解決

ここに注目！
- ▷ ゼロベースからでも技術習得が可能な職場環境
- ▷ 丁寧な人材育成によりプロフェッショナルを輩出

コーティングへの興味から入社を決意

「当社に入る前は鉄工所で金属加工を担当していました。そこでも塗装を行いましたが、もっと塗装について色々と勉強したい。こう考えたのが入社の経緯です」

こう語るのはユニックスで活躍する信谷英二さん。40代で入社し、現在入社5年目を迎える。ほぼ未経験で入社したが、いまではプロのコーティングマンとして日々、業務に当たっている。

信谷さんが働くユニックスは、ウレタンコーティングやフッ素コーティングなどを手がけている。また、特殊コーティング技術を生かし、ポリウレタンの耐摩耗性とテフロンの滑り性を併せ持つ「テフタン」に代表される新重合コーティング素材の研究・開発も行っている。1984年に創業者の苗村昭夫会長が立ち上げ、これらの新たな素材の提案で幅広い業種の顧客から信頼を得てきた。現在は、事業承継時に社員アンケートで満票を獲得した町田泰久社長が同社を牽引し、耐熱や耐薬品性を備え、かつ環境にやさしい新塗料素材開発に意欲を見せている。

信谷さんは前職で塗装経験があったとはいえ、入社後は同社の特殊コーティング技術をイチから学んだ。最初の1～2年は、「プライマー」と呼ばれる下塗り塗料の塗り方や、塗装に使うスプレーガンの使い方など基本技術を習得。その後は、パーツフィーダ（部品供給装置）をはじめ各種製品へのコーティングを通じて技術の獲得に努めた。

当初は、鉄工所での勤務経験が長かったために、同様に、昔ながらの「『技は見ておぼえろ』と言われるのでは」との不安があった。ところが「手取り足取り丁寧に教えてくれました」とのことで、周囲の温かい支援が信谷さんを短期間で独り立ちさせた。

そんな信谷さんは現在、粉体関連機器部材の塗装に取り組んでいる。これらの部材への塗装は複雑形状で、しかも奥まった部分への塗装などが求められる。高度な塗装技術のほか治工具の工夫など、これまで培ってきた技術に加え新

▲ワークを載せたテーブル回しながら巧みに塗装作業を行う信谷さん

▲テフタンコーティングの一例

▲同社独自開発のポリウレタン原料も販売している

▲塗装作業の奥深さを語る信谷さん

たな技法の習得に努力している。

このように、新たなコーティング技術への追及も怠らない中で、「粉体機器部材へのコーティング成果の蓄積とお客様の評価をいただく醍醐味」（信谷さん）があり、自身に最適な方法を日々模索している。

なお、塗装業界に限らず世界の趨勢は環境（健康・大気・水質・土壌・騒音など）に対する企業姿勢とコンプライアンスに対応しなければならない。無公害塗料の開発や設備機器の環境対策等の大きな問題に立ち向かうことが強く求められており、それだけに一般人にはイメージできない奥の深い世界のようだ。

日々の学びを次世代に

入社してはや5年が経過したが、スプレーガンの扱いで試行錯誤を繰り返す日々という。基本技術を習得した信谷さんは、これをベースに自身の吹き付け方にアレンジを加えつつコーティングの品質向上に努めている。同時に、職場の先輩から指導してもらった基本技術の継承にも意欲を見せている。

こうしたコーティングの分野も塗装ロボットによる自動化の波が押し寄せており、いずれは近いうちに、ユニックスでもその導入があるだろう。一方で、人手作業を必要とする領域がまだまだある。スプレーガンの取り扱い1つを

とっても千差万別であり、「答えがない世界」と信谷さんは塗装の奥深さを語る。それゆえに、塗装の魅力を伝えたいとの思いを強くしており、「定年までは日々チャレンジしながら技術を追求し、より良い技能継承につなげたい」と情熱は尽きない。

40代で異分野から飛び込み、いまやプロのコーティングマンとして活躍する信谷さん。同社での温かい支援があってこそ5年という短い時間でコーティング技術を習得したが、やはり本人の興味があってのこと。異分野かつ年齢が一定程度過ぎていても技術を身につけ、活躍できることを示した信谷さんの活動は、多くの方に元気を与えるように思われた。

INTERVIEW
わが社の魅力を語る

取締役社長
町田 泰久さん

表面処理加工のプロフェッショナル集団です

当社は、1984年に株式会社ニュー・サンワの西日本地域代理店として苗村昭夫会長が個人開業し、1994年に現在の社名になりました。ウレタンやテフロンを用いたコーティング加工やライニング加工のほか、「ユニレタン」や「テフタン」など、表面処理加工に用いる独自のポリウレタン塗料の研究・開発も行っています。

世界的趨勢である「環境改善」に対応した設備機器の改修投資終了の後、現在の溶剤型塗料から無公害の水性型塗料への切り替えを目指し、研究開発に人材と投資をしているところです。

人材育成については、手仕事である表面処理加工のプロフェッショナルの育成を目標に、社員一丸となって技術の習得・継承に取り組んでいます。

会社DATA	
本 社 所 在 地	大阪府東大阪市加納4-14-31
設　　　　　立	1984年12月　**代表者**：代表取締役会長　苗村 昭夫　**資本金**：2,200万円
従 業 員 数	15名
事 業 内 容	コーティング加工、ライニング加工、表面処理・溶射、エンプラ部品加工、ポリウレタン塗料および無公害水性塗料の研究開発
主 な 支 援 制 度	塗装技能士をはじめ関係技能士試験の講習会参加および資格試験の受験費用全額、希望者を含む幹部候補社員の「中小企業大学」（合同友会大学）への派遣、その他セミナーなど
U R L	http://www.unirethane.com/

第3章

建築・土木・設計
環境・エネルギー
商社・サービス・印刷・映像

Architecture/Civil Engineering/ Desgin
Environment/Energy
Trading Company/Service/Printing/Video

建築・土木・設計

■ アメリカンテント株式会社

■ 応緑株式会社

■ 株式会社光栄プロテック

■ ジビル調査設計株式会社

■ 株式会社神鋼エンジニアリング＆メンテナンス

■ 株式会社ニチネン

■ 株式会社藤井組

環境・エネルギー

■ 株式会社アースインフィニティ

■ 伊丹産業株式会社

■ 壽環境機材株式会社

■ 株式会社ハーテック・ミワ

商社・サービス・印刷・映像

■ 英和株式会社

■ 株式会社谷印刷所

■ 株式会社ネクスト・ワン

■ 株式会社フォトクラフト

■ ミカサ商事株式会社

アメリカンテント株式会社

テントで「安全・安心」を守る
―― 天井開閉式、移動式など多様な商品を開発、低コスト・短納期も特徴

ここに注目！
▷ 自由な発想で商品開発に挑戦する姿勢が浸透
▷ 安全・安心を確保する品質を守り、顧客から評価されることが働きがいに

外国人の活用を積極化

「人と違ったことをやってみたいと、いつも考えてきました」と、アメリカンテントの藤島力社長は語る。藤島社長の発想はユニークだ。アメリカンテントという社名も、実は米国とは関係がない。「あいうえお順に並んでいる電話帳の最初の方に掲載してもらい、注目を集めようと思って『あ』という文字で始まる社名にしました」。遊び心をあっさりと打ち明ける。

商品であるテントにも、特徴の違いによって「武蔵くん」「弁慶」「小次郎くん」など、変わった名前を付けている。例えば「武蔵くん」は自動で屋根が開閉する大型テント。屋根が開いている時はレッカーなどで上から荷物を降ろすことができ、屋根を閉じれば風雨から荷物を守れる。二刀流のテントというわけだ。「弁慶」はテニスコート2面分の超大型テントで、大男のイメージを名前に込めた。

藤島社長がテントの製作を始めたのは25歳の時。半世紀近く前のことになる。「大阪でカバンの縫製の仕事をした後、いったん郷里の宮崎の会社に就職し、テントをやろうと再び大阪に戻ってきたのです」といきさつを語る。テントの製造を始めようと思ったのは、縫製の技術を持っていたからだが、「テントならまっすぐ縫うだけで済む」と、藤島社長は動機についてもユニークな言い方をする。

そんな藤島社長も、人手不足には悩んでいる。災害時の緊急避難場所として、低コストで施工期間も短いテントは重宝されるため、台風や豪雨などの災害の多発を機に、需要が急増しているからだ。同社はテント屋根の縫製を自社で受け持ち、鉄骨の組立や現地での据え付けは協力業者に依頼している。「縫製作業は覚えれば簡単なので、ぜひうちで働いてほしい」と話す藤島社長。現在は外国人の活用に積極的に乗り出している。

ただ、組立や据え付けなども含めて、テントの製作には低コスト・短納期に加え、安全・安心確保のための品質も求められる。技術は藤島社長が伝授しているが、決し

▲ 2018年に独立した藤島兼光さん

▲アメリカンテントから移籍した2名の技術者とテントづくりに励む

▲超大型テントの弁慶は重機械・造船会社などで多用されている

▲ジャパンテントが大手造船会社に納品した大型テント

▲店の看板も兼ねるサインテント

て楽な仕事ではない。「好きでないとなかなかできない仕事です」と強調することも忘れない。

育てる楽しさ味わいたい

そのテントづくりが「大好きです」と語るのは、藤島社長の次男・藤島兼光さんだ。兼光さんは現在、京都府京田辺市に本社を置くジャパンテント株式会社の社長を務めている。アメリカンテントとは別の会社組織になっているが、繁忙時にはアメリカンテントから仕事が回ってくるという関係である。

兼光さんは1974年の生まれ。「自分が父親の会社を継承しなければ」と考えていたというが、93年に工業高校を卒業した後は、プロゴルファーを目指して9年間を研修生として過ごしたとい

う、異色の経歴を持つ経営者だ。その後、父親の元に戻り、一度外の企業に1年ほど出た後、再びアメリカンテントに復帰した。

その兼光さんがアメリカンテントから独立するかたちでジャパンテントを設立したのは2018年。この社名を考えたのは父親である。オーダーメイドテントから、工業用、商業用テントまで幅広く扱い、低コスト・短納期で完成させるという点は、アメリカンテントとほぼ同じ。顧客もアメリカンテント時代からの得意先が多いが、銀行などの紹介で新規に開拓した顧客も増えており、多忙な毎日だ。

アメリカンテントとは違い、縫製は協力業者に外注、鉄骨組立と据え付けを自社で進める。従業員

は4人。うち1人は事務担当で、溶接をはじめ実際の作業をするのは、兼光さんとアメリカンテントから移ってきた技術者2名の計3人。少数精鋭で多様な注文をこなす。それだけに「大手造船会社から大規模テントの発注を受け、早期に完成させたとき、よくやってくれたと顧客から言ってもらえたことがうれしかった」そうだ。

「これからも安全第一にコミュニケーションを密にし、ニーズに応えられるよう新製品の開発にもチャレンジしたい」と意欲を見せる。ただ、やはり人手は必要だ。「高校などを回って意欲のある若者を集め、自分自身、人を育てる楽しさも味わってみたい」という。

INTERVIEW
わが社の魅力を語る
代表取締役
藤島 力さん

JAXAへの納入実績もあるテントメーカーです

アメリカンテントは天井開閉式や移動式など、様々な種類のテントを提供するメーカーです。種類・大きさにより、「武蔵くん」「弁慶」「小次郎くん」など、異なった商品名を付けています。

当社の業務用テントは一般倉庫に比べコストが安く、現地での施工期間が最短で2日ほどと納期も短いため、重機械・造船会社をはじめ、幅広い得意

先から注文を受けています。宇宙航空研究開発機構（JAXA）に納入した実績もあります。

最近は災害時緊急避難テントの「安心くん」なども伸びており、極めて多忙なため、人の採用にも力を入れたいと思います。

会社DATA

本社所在地：大阪府東大阪市加納5-17-31
設　　立：2004年6月
代　表　者：代表取締役 藤島 力　資本金：2,000万円
従業員数：7名
事業内容：テントの企画・製造・販売
U　R　L：http://www.ameten.com/

機械・金属

電機・情報

化学・素材・食品

建築・土木・設計

環境・エネルギー

商社・サービス・印刷・映像

▽ 応緑株式会社

大手も信頼する独自技術で門扉業界をリード
——重たい・故障多い・錆びるの常識覆す高い技術力

> ▶ 妥協しないモノづくりに全力で取り組む職人集団
> ▶ 恥ずかしくない社会人・仕事のプロとして育成

ゲート設計の第一人者

「安全で長く使えるという基本がゲート設計には強く求められます」。こう気を引き締めるのはゲート事業部 設計課の菅野裕子さん。10年以上にわたり工場や空港といった場所に設置される大型電動門扉（ゲート）の設計を担ってきた。河越祥郎社長からは「ゲート設計の第一人者」と称されている。

入社は2000年。前職でリフォーム業を手がけていたため、同じ建築関係の仕事をする応緑に転職した。2級建築士の資格を持つ菅野さん。当初はハウジング事業部で一般住宅向けにキッチンのプランを考えていた。

転機は2009年に訪れた。ちょうどその頃、神戸市沖の神戸空港に設置される全長45mを超える門扉の受注を応緑が獲得した。これまで住宅展示場の家具や装飾品などを手がけていたが、リーマン・ショックの影響で仕事が減少。そこで応緑は大型門扉に着目した。これまでも川崎重工業 明石工場（兵庫県明石市）の入り口21m門扉を納めた実績はあったが、神戸空港の案件を機にゲート事業を本格化した。

菅野さんは「空港に関わるまでは住宅中心にしていたので、素材の鉄のことなどはほとんどわかっていなかった」。それでも菅野さんは河越社長の指導で図面を仕上げた。以後、現在に至るまでゲート事業部の設計課で、空港や大規模工場、学校など200カ所以上の門扉の設計に関わってきた。

お客様という宝物で会社が成長

門扉の仕事は受注から設置まで時間を要する。通常、建築設計事務所からゼネコンを通して仕事がくる。最初に建物を着工するため、門扉の設置は建物ができた後になる。期間はその時々で異なるが長いもので3年ほどかかるという。

菅野さんが常に意識するのは納期。大手とやり取りする際は納期に遅れると信用問題につながる。加えて、門扉は建物と異なり日本産業規格のような標準規格がまだないため、実際に設置しても台風や突風で壊れないかという検証データを揃えないと大手取引先は首を縦に振らない。そのため強度計算や風圧計算などを求められる

▲多数のゲートの設計を手がけてきた菅野さん

▲青森県三沢空港に納品した 110m 門扉

▲兵庫県神戸空港に納品した 45m 門扉

▲菅野さんは後輩の指導・育成にも意欲を見せる

場合がある。

応緑の門扉は、耐久性を高めるため材料のスチールパイプを溶接で組み立てて門扉本体をつくり、それから溶融亜鉛メッキ処理、粉体焼付塗装を施す。10 年保証の門扉は他社製品に比べ壊れにくく、軽く開閉できる構造。100m を越える何十トンある門扉でも手で動かせる特徴があり、引き合いは増加。全国の空港や大規模工場を中心に納めてきた。最近ではセキュリティの強化でますます注目が集まっている。

社員約 40 名のうち門扉設計は 4 名で、菅野さんは 7 〜 8 つの仕事を同時に掛け持つ日々をこなす。一方で、競合が少ないため大手企業の仕事を手がけられる喜びはあるという。

新たなモノをつくるうえで先方からの注文も多く寄せられ「辛いこともある」（河越社長）が、「お客様は宝。大きな宝物で会社が成長する大きな糧」（同）と前向きに考える。大手企業と取引が多い分、社員教育も重視し、半年間かけて社会人として恥ずかしくないよう新人研修を徹底し、年齢の近い先輩をメンターとして日報でのやり取りは欠かさない。

現場の声を聞き、後輩に伝承

菅野さんら設計担当者は、納品先での門扉の使われ方を想定するものの、取扱説明書にない扱いをされることもあり気が抜けない。製品を納めてしまうとセキュリティのこともあって、その後の状況を把握しづらい。そこで、今後の取り組みとして「ユーザーの声を聞いてみたい」と話す。河越社長もその点を認識しており、設計担当を門扉のメンテナンスに同行させることを検討している。

併せて、後輩の育成に役立てることも検討している。「例えば、門扉を軽く動かすためには大切な要素があり、これを後輩にしっかり伝えていくことも求められています」。ゲート設計の第一人者として顧客の要望に応えつつ、後輩の指導・育成にも取り組む菅野さんの役割は増すばかりだが、こうした活動の広がりを通じて応緑の製品が評価され、門扉事業のさらなる拡大が期待される。

INTERVIEW
わが社の魅力を語る
代表取締役
河越 祥郎さん

大手相手に仕事ができるやりがいのある会社

当社の門扉の基本コンセプトは、電動のオプションもありますが、どのような大きい門扉でもすべて手動で開閉できることです。軽く動作するために耐久年数が飛躍的に長く、長期にわたり使っていただけておりますが、さらに日夜技術開発し、少しでも世の中に貢献できる会社を目指しています。地方にある社員 40 人弱の会社で、大手企業の仕事ができるところは、そう多くはないでしょうし、ここにやりがいがあると考えます。今後、門扉は事業を拡大できると信じ、直近 2 年間で社員を 10 名増員しました。社会人や仕事のプロとして、社員教育を通じて彼らの成長を図りつつ、若い力を生かし会社の発展につなげていきたいと考えています。

会社 DATA

本 社 所 在 地：兵庫県姫路市京町 1-11
設　　　　立：1973 年 8 月　**代 表 者**：代表取締役　河越 祥郎　**資本金**：5,000 万円
従 業 員 数：37 人
事 業 内 容：大型門扉の開発や設計、住宅の増改築を主体とした建築設計や施工
主 な 支 援 制 度：人事評価制度
U　R　L：https://ohryoku.co.jp/

機械・金属

電機・情報

化学・素材・食品

建築・土木・設計

環境・エネルギー

商社・サービス・印刷・映像

株式会社光栄プロテック

オンリーワン技術の表面処理で顧客に応える
── 「硫化いぶし仕上げ」で日本的な高級感の演出を実現

◉ 匠の技が形として残る「モノづくり」の醍醐味が味わえる企業
◉ ベテランと若手との風通しのいいミーティングで技術力高める

一品一品手作業で仕上げ

「仕上がった製品は、手が離れるまで汚したくないという気持ちが強いですね。きれいに仕上がったものを、早くお得意先に届けたいという気持ちです」

営業部の三田憲太朗さんはこう話す。三田憲太朗さんは現社長の子息。いずれは経営を承継する立場だが、大学を卒業した後の4年間は電機保守メーカーに勤務していた。光栄プロテックに移ってからは、まだ2年目である。

「自分の意志で外の会社に出ましたが、どちらにしても帰ってこなければいけない立場です。早い方がいいと思って4年を区切りに父親のところに戻ってきました」。待っていたのは、まったく

違う職場環境。「先入観にとらわれるのを避けるため父親の仕事をあえて見ないようにしていたので、最初は前の会社とのすさまじいギャップに苦しみました」と言う。

光栄プロテックは銅合金の建築金物の表面を特殊加工し、日本的な風合いを醸し出す「硫化いぶし仕上げ」が主力の会社である。そのほかにステンレス着色のように高級感を出す「カラークリヤ塗装」や、ピアノのような重厚感を出す「ピアノ調仕上げ」も売上を伸ばしているが、いずれも別注のオーダー品で、一品一品、職人が手作業で仕上げている。「経験や勘で作業をしなければなりません」と説明するように、極めて難度の高い仕事だ。

憲太朗さんもその作業をおぼえなければならなかった。ただ、幸い作業の仕方はベテラン職人が懇切丁寧に教えてくれた。「私が小さかった頃をよく覚えていてくれる職人さんもいて、優しく接してくれました」と言うが、それだけで丁寧に接してもらえたわけではない。

特殊表面仕上げは、建物の壁面や扉などに目に見える形で残る。実際に自分が仕上げた製品が使われている場所を見るために、遠くまで足を運ぶ職人が多いという。オンリーワンの技術に誇りを持ち、仕事の結果が形で残るモノづくりに喜びを感じるからこそである。その誇りと喜びを同じ仲間と分かち合いたいという気持ちが、懇切丁寧な指導に表れるというこ

▲現場での仕上げを支援する三田憲太朗さん。より安全かつ効率的な作業に向け社内教育のあり方に思いを巡らす

▲光栄プロテックが手がけた硫化いぶし仕上げの代表例
日本橋三井タワーの外装パネル：アルミ硫化いぶし色仕上げ（写真左）、ホテルザセレスティン京都祇園のエレベーター：スチール硫化いぶし色仕上げ（写真中央）、京都国立博物館の内装ルーバー：真鍮硫化いぶし仕上げ（写真右）

とだろう。「モノづくりは楽しい。思い切って飛び込んでよかった」と、憲太朗さん自身も思いを述べる。

疑問箱制度で若手の疑問を解消

モノづくりが好きな人が集まる組織だからこそ生まれる仲間意識。三田雅憲社長は「モノづくりがしたいと言って当社の門を叩く人がいます。そういう人には学歴不問で入社してもらっています」と言う。仲間は増えつつあるのだ。もちろん経験も不問である。

オンリーワンの技術なので、経験のない人は1年目の憲太朗さんがそうだったように、先輩の作業を見てポイントを実際に教えてもらったうえ自分で実践して技術

を取得するしかない。

同社のユニークなところは、「疑問箱」と呼ぶ制度で技術者を育てていること。経験の少ない若手が作業で気になった点や疑問点を無記名で「疑問箱」に投書し、隔週で土曜日に開くミーティングで、ベテラン社員がそれに回答するという制度である。

また希望があれば、例えば塗装技能士資格取得のため、大阪府工業協会などが開く講習会に参加してもらうなど、外部組織の研修制度も活用している。「若手社員には、同じ世代が集まる会合にも積極的に参加してもらっています。外部の人と交流し、意見を交わすことで、自分の立ち位置がわかると思います」と三田社長は話す。

ただ、ゆくゆくは自社でカリ

キュラムを作成できるような組織をつくりたいという思いもある。いずれ経営を受け継ぐことになる憲太朗さんも思いは同じだ。「社歴の浅い社員に対する教育は改善の余地があると思います。安全かつ効率的に作業してもらうためにはOJTのみのその場その場だけではなく階層別による机上研修やチームごとのQC活動などの取り組みが必要です。今後、じっくり改善に取り組みたいと思います」と抱負を述べる。

「いずれは自社企画部門が設置できれば」と語る三田社長。オンリーワンの技術を持つ同社が、その技術力をさらに強め、企画開発力も備えることができれば、モノづくり企業として今後、大きく飛躍する可能性がある。

INTERVIEW
わが社の魅力を語る

当社の硫化いぶし仕上げの用途拡大に寄与しています

代表取締役社長
三田 雅憲さん

当社の「硫化いぶし仕上げ」は、歴史ある貴重な技術です。従来は銅合金だけに施していましたが、昨今は鉄やステンレスの表面にも施すことができるようになりました。日本的な風合いを出すので、外資系ホテルや商業施設などに最高級の意匠として使われています。この硫化いぶしのほかに「カラクリヤ仕上げ」や「黒染め仕上げ」「ピ

アノ調仕上げ」などの技術も持っており、これらの用途は建物の内外装だけでなく、電車車両やエレベーター向けなどに広がっています。

技術力が生命線なので、大事なのは「人」です。社員にはできるだけ定着し、技術力を磨いてもらうようにしています。

会社DATA	
本社所在地	大阪府枚方市春日野2-2-12
設立	1985年1月　**代表者**：代表取締役社長　三田 雅憲
資本金	1,000万円　**従業員数**：25名
事業内容	金属製品の意匠塗装、特殊表面処理、一般工業塗装
主な支援制度	資格取得のための外部講習会への参加補助など
URL	http://koeip.co.jp/

▽ ジビル調査設計株式会社

橋と道路の設計プロ集団
──独自ロボットを開発、橋梁の点検・診断で長寿命化に貢献

ここに注目!
- ⊳ **コンサルの知見、モノづくり、ソフト開発に展開**
- ⊳ **費用支援で技術資格の取得者多数**

330件超の橋の点検実績

　建設コンサルタントは社会資本整備のプロジェクトで、第三者の立場で施主に代わり提案・設計を作る専門家だ。「当社は橋梁や道路の案件を中心に仕事をしてきて、近年は年月がたち古くなった構造物、橋やトンネルの点検・補修の仕事が増えています」と、ジビル調査設計の取締役調査部長の南出重克さんは話す。

　調査部の仕事は、橋梁や道路施設の維持管理を考える基礎として、傷みの具合を点検・診断し、健全度を評価する。例えば橋梁なら、立地する地形、その土地の気象特性、車の通行量などを勘案して診断をまとめる。要望があれば補修の提案もつくる。「現場状況は1つとして同じところはない。現場で危険個所を未然に見つけて発注者に報告、的確な補修対策で安全に利用してもらえるようになったとき、社会に貢献できたと感じる」と南出さん。

　調査部は2017年に技術部門から分離した組織で、全社の売上高の3〜4割を占める。南出さんは調査業務の成長に貢献し、新組織とともに取締役調査部長に抜擢された。

　点検調査で増えているのが橋梁だ。国や自治体が管理する橋梁は全国に約72万あり、的確な補修で長寿命化が求められる。この橋梁の点検調査で「ジビル調査設計」の名前は全国区だ。一般的なゴンドラ点検作業車が利用できない橋梁で、同社の橋梁点検支援ロボット「視る・診る」が頼りになるからだ。

　橋の上で操縦し、橋の下面に差し入れた長いアームの先のカメラで『視る』。また別の装置で、ひび割れの部位の寸法測定、打音による診断、水洗浄機能も備える。従来なら命綱ロープを使って橋の下面に入る危険作業や、足場を特設する手間がなくせる。橋上の占有スペースが少なく、大半の橋梁は道路交通を止めずに点検できるのも大きな利点。

　2009年に初号機を開発し、現在は4機体制。この10年で約330件を超す橋の点検実績がある。2014年に国土交通省が橋梁

▲橋梁点検ロボットによる診断を説明する南出さん（写真中央右）

▲本社（手前）と点検ロボットの基地倉庫（奥の白テント施設）　▲開発した点検ロボットの運用例。写真左は各務原大橋（岐阜県）、右は江島大橋（鳥取、島根県境）

点検を現場目視とすることを法令で定め、ロボット利用は法令不適合となり受注減の時期もあった。しかし、その後に国交省の技術審査が進み、2019 年に改訂した国交省の新技術ガイドラインのリストに「視る・診る」が載り、再び活躍の土俵が整った。

技術者だって営業マン

建設コンサルはサービス業で、顧客の個別の要望を丁寧にくみ取り、要望にプラスαした仕事で喜んでもらう。同社は創業時から仕事の質を重視し、コンサルの提案だけでなく具体的な設計図面も自社でつくる姿勢を貫いてきた。リピーター客が多いのが自慢だ。

「この仕事の基本はコミュニケーション。技術者は現場で営業マンとしてニーズに対応し、提案する力も必要。私も元来、コミュニケーション能力は高い方ではなかったと思うが、仕事でいろいろ経験して身についた」と南出さん。そうして南出さんも若手社員の挑戦を見守る。

南出さんは地元・福井県の高校で土木を学んで 1984 年入社。設計技術者として道路周辺の防災施設を多く手がけた。新規の建設案件が縮減してきた 2008 年、社内で橋梁点検支援ロボットの開発計画が持ち上がり、「熱を持って引っ張れる男」（毛利茂則社長）として、南出さんが若手チームをまとめるリーダーを務めた。連携するモノづくり企業を探し、開発資金を得るため補助金獲得の挑戦や、地元の大学や公設試験場にも力を借りた。各地の展示会に参加も続け、社員は従来の建設コンサルとは違う様々な経験を積んだ。

これから新たな勝負所となり、南出さんは次の戦略に目を向ける。「視る・診る」の一段の事業拡大をどう進めるかだ。点検の人材の養成、ロボットの数の拡大、その保守体制の構築などが今後の課題。ただし、橋梁という重要な社会インフラを相手にする仕事は現場の仕事の品質が落ちては台無しで、拙速は禁物。外部企業から提携の打診も入っているが、パートナー企業をつくるにしても、信頼できる相手を見極めて、着実に広げていく形を想定している。

毛利社長は「経営的な目線で事業を伸ばす体制を整備してほしい」と期待を寄せる。

INTERVIEW
わが社の魅力を語る

代表取締役
毛利 茂則さん

50 人の頑張る集団です

井上一壽現会長が創業し、2020 年で50 周年になる建設コンサルタント会社です。橋梁と道路および防災を得意分野とし、近年は維持管理の仕事に力を入れています。全国に約 4,000 社ある建設コンサルタントの中で企業規模は大きくはないけれど、培った技術力は客先から高く評価をいただいております。

2008 年に着手した新規事業で地理空間情報活用のソフトウエア開発の業務も継続していて地方自治体への情報関連技術サービスにも努めています。よって、土木を学んでなくとも、活躍できる機会は多い会社だと思います。

技術士などの資格を取得する社員は一部費用を支援します。

今後も 50 人の社員規模を維持しながら、様々な分野に挑戦していきます。

会社 DATA

本社所在地：福井県福井市大願寺 2-5-18
設　　立：1970 年 2 月　代表者：代表取締役社長　毛利 茂則　資本金：2,200 万円　従業員数：49 名
事業内容：道路・橋梁などの設計、構造物劣化診断及び補修補強設計、橋梁点検・調査診断、地理空間情報関連業務（GIS、3D データ取得・解析、ドローン活用業務など）と同システム開発、測量業務
主な支援制度：資格取得費用補助
U　R　L：http://www.zivil.co.jp/

機械・金属

電機・情報

化学・石油・ゴム・繊維

建築・土木・設計

環境・エネルギー

商社・サービス・印刷・映像

▽ 株式会社神鋼エンジニアリング＆メンテナンス

エンジニアリングからメンテナンスまでの一貫サービス
——総合力を新たな挑戦に生かす

ここに注目！
- ◉ 多部門との細やかな打ち合わせを通じてプラント建設を支える
- ◉ やりがいを感じられる職場環境でスキルアップを目指す

「製鉄所内の設備や化学プラントなどスケールの大きな設備の設計に魅力を感じた」

こう振り返るのは、プラント事業部エンジニアリング部配管技術室の張間健斗さん。学生時代は機械工学を専攻し、現在は入社1年目。企業説明会では「人事担当の方が親身に相談に乗ってくださり、この会社だと社員1人ひとりを大切にしているのだろうと思った。また、福利厚生の充実度や出身の兵庫県内でのキャリアアップが目指せる環境があり、人生設計を立てやすいと感じました」。入社の理由をこう続ける。

人を育て技術資産を培う風土

神鋼エンジニアリング＆メンテナンスは、機電事業部とエネルギー事業部、プラント事業部からなる。機電事業部では、機械設備に関する技術コンサルティングが強み。エネルギー事業部は発電設備の設計や保守、プラント事業部は化学プラント設備の設計から保守まで提供する。

プラント事業部で配管設計を担当する張間さんは、「配管は表立たないが、プラント設計の中心を担っています」と自負する。社内の各部署（プロセス設計や機器設計、土木建築設計、電気計装設計）が設計した機器や建屋を取りまとめて1つの設備にしていく。社内だけでなく、設計業者やメーカー、配管施工業者など多くの人と協力して仕事をしているという。

様々な人たちと綿密に打ち合わせをするため、「あらかじめ最適に設計した図面を提示しても各部署との擦り合わせで変更が加わることもよくある」と苦労を明かす。

多部署と活発なコミュニケーションが要求されるだけに、入社当初は各担当者からの質問に答えられないことも多くあった。そんな張間さんをサポートし続けたのが、上司や先輩。「名前を『さん』付けで呼び合い、不明点があればいつでも相談できる」と風通しの良い社風が自慢だ。

同社では、人を育て、技術資産を培うことが成長の原動力となる。また、従業員1人ひとりの存在が技術資産となり、従業員の健康が企業経営の大きな柱として捉えている。ダイバーシティ推進室では、誰もが年齢や性別に関わ

▲配管施工業者などと連携して仕事を進める張間さん

▲プラント事業部が手がける設備。同社の独自技術が生かされている

▲ソリューション提案を意識したメンテナンスを行う

りなく、やりがいを持って働ける職場の実現を目指し、様々な研修を企画・運営している。キャリアデザインやアンコンシャスバイアスに関するセミナーを開催し、従業員の意識改革を促している。

部活動が盛ん、社員の絆を強く

社内では体を動かして従業員同士の親睦を深める部活動も活発だ。張間さんはサイクリング部に所属している。「朝早くから鈴鹿サーキットまで走りに行き、かなり疲れたが気が付けば毎年参加していた」と頬を緩める。現在は、長期の大型案件が佳境に入り部活動には顔を出せていないが、仕事仲間と交流を深める機会になっている。

そんな張間さんが目指すのは、プラント設計全体を取りまとめるプロジェクトエンジニアだ。「まずは配管設計者として一人前になる」と目先の目標を据える。今は先輩に頼るところも多いが、約15人所属する配管技術室には5人の後輩が入社した。場数を踏むことで専門性に磨きをかけ、後輩指導にも精を出しながら自ら最適な提案を出せるスキルを養う。将来はプロジェクトエンジニアとして責任ある立場から顧客との設計窓口を担当し、各設計部署における技術仕様を取りまとめる。

同社は、神鋼グループ内の業務が売上高の約6～7割を占めるが、2023年度には5割とする計画。培ってきた技術資産に裏付けられる総合力を高め、新規顧客や

新市場、新たなビジネスモデルの創出に挑戦する。生産性の向上やコスト削減、省エネルギーなど、顧客の経営資源を生かすソリューションを提案することが本来のエンジニアリング＆メンテナンスと位置づける。加えて、人工知能（AI）による画像解析や水素貯蔵供給システムの開発など、次代の実用化が見込まれる技術やビジネス展開を推進する。

今後は独自の技術力を武器に、神鋼以外の鉄鋼業をはじめとする製造業、エネルギープラントなどに提案営業を積極化する。若手技術者が目標に向かって生き生きと活躍できる社風を実現することが技術伝承につながり、成長エンジンとなり得る。

INTERVIEW
わが社の魅力を語る

代表取締役社長
佐藤 孝彦さん

挑戦への意欲

神鋼グループの一翼を担い、生産設備の安定稼働を支える技術は、幅広いモノづくりで高く評価され、エネルギープラントや化学プラントなど幅広い分野に豊富な実績があります。グループ外企業へも外販ビジネスを展開し、新市場を果敢に攻略しています。

技術伝承の場として毎年、技術技能競技大会を開催。若手技術者が部署を

超えた技術交流の場として、熟練者から指導を受けながら実技練習を重ね、本番で知識と技を競い合っています。働きやすい環境整備にも注力し、健康経営優良法人「ホワイト500」の認定も3年連続受賞中。人材育成とともに挑戦へ瞳することのない姿勢で成長軌道に乗せてまいります。

会社DATA

本社所在地：神戸市灘区岩屋北町4-5-22
設　立：2004年11月（創業：1962年4月）　**代表者**：代表取締役社長　佐藤 孝彦
資　本　金：1億5,000万円　**従業員数**：約1,400人
事　業　内　容：化学・エネルギープラント、機械設備、電気、情報システムのエンジニアリングとメンテナンスなど
主な支援制度：資格取得促進制度、ブラザー制度、メンター制度、階層別・分野別研修、技術技能競技大会など
U　R　L：http://www.shinkoen-m.jp/index.html

▼ 株式会社ニチネン

顧客の立場に立ち理想の空間を提案
——オフィスや工場、学校などの内装・建築工事の提案、施工

ここに
注目！

- ▶ 幅広い技術や商品知識を身に付けた営業のプロ
- ▶ より高いレベルの業務に挑戦するため資格取得を支援

「いろんな教室をつくりたいと思っているのではないか——」

営業部１グループチーフリーダーの俣野竜哉さんは、大阪府内の専門学校の改装工事にあたり学校側へのヒアリングでこう感じたという。学校担当者からは、改装により多様な生徒を集めたいという思いが伝えられていた。が、それ以外は漠然としたイメージのみ。15年近くに及ぶ営業マンとしての経験が、そんなニーズをキャッチしたようだ。

「学校は毎日、ほぼ同じことの繰り返しで、退屈に感じるところもある。気分を変えるような教室はどうだろうか」。そこで思いついたのが山小屋風の内装だった。

当初は、斬新な提案だったためか、反応はもうひとつだった。それでも、教室の空間イメージがわかる3D図面（パース）や丸太が描かれた壁紙サンプルを提示すると好意的に受け入れられ、実験的に１つの教室を改装する。そして「こんな学校はほかにない！」と良好な反応が得られ、山小屋風とレンガ調の洋館、樹木が並ぶ庭のような３つの教室が誕生した。

「当初の反応がいまひとつだったがゆえ、山小屋風の教室を体感いただき、喜んでもらえたときは本当にうれしかった」

俣野さんは当時の充実ぶりをこう振り返る。

アンテナを張って顧客の価値観や思いをつかむ

ニチネンは、創業当時の自動車部品などの製造企業を経て、長年にわたりオフィス向けに机や棚、ラックなどの家具を製造販売してきた。1980年代以降はオフィスのレイアウト提案・施工を手がけるようになり、現在は工場、店舗、学校、病院などの内装・建築工事も請け負っている。顧客担当者もアウトソーシングしたい業務が増え、俣野さんのように営業担当者がコンサルティング、設計・デザイン、什器、備品の納品、施工管理までをワンストップで対応でき、高い施工品質を保証できるこ

▲若手営業マンとの打ち合わせをする俣野さん（写真右）。その際は営業の助言も行う

▲ニチネンでは様々な建物の内装・建築工事を請け負う
　写真は、教室（左）、新築オフィス（右）の施行例

▲現場での施工管理にも定評がある

とが強みだ。

「社内には幅広い技術や商品知識を身につけた人材が育っている。まず予算ありきではなく長期間にわたって空間や施設を使用することを前提に、プロとして何が顧客にとってベストの選択なのかを提案することが真のサービス」。服部哲史社長は、自社の営業スタイルをこう強調する。

俣野さんも日々これを実践している。常に顧客の立場に立ち、相手が気づいていないところにも先回りして提案している。現場に足を運び、建物内への採光や窓から見える景色を確認してイメージを膨らませ、工事プランやデザイン案に反映させる。

「若手にアドバイスするために

は、まずは“アンテナ”を張ること。一見、何気ない雑談の中にもヒントが隠されている。顧客との面談や工事現場で“アンテナ”の感度を上げることで顧客独自の価値観や思いも見えてくる」

こうした姿勢が冒頭で紹介した提案につながったのだと実感させられる。

働きながら勉強して 一級建築施工管理技士に

近年は内装工事にとどまらず、建物の建築工事や営繕工事なども積極的に請け負っている。服部社長の方針のもと2010年以降は建設業許可を取得し、大型案件の受注も増えている。建設業許可を取得するためには専任技術者を設

置する義務があり、資格取得を後押ししてきた。

俣野さんは服部社長の勧めもあり、約1年の期間を経て一級建築施工管理技士の資格を得た。「働きながら勉強するのは厳しかったです。でも資格を取得して以降は、顧客からの信頼度が格段に増し、仕事へのモチベーションがさらに上がりました」と振り返る。顧客への提案営業に定評のある同社だけに今後、さらなる大型案件の獲得が期待される。

「現状維持を良しとせず、新たな挑戦をしたい」と、さらなる情熱を語る俣野さん。これからもプロとして顧客にベストな選択を提案し、社とともに成長をし続ける。

INTERVIEW
わが社の魅力を語る

代表取締役社長
服部 哲史さん

本当のサービスとは何かを考えて提案する企業

自動車部品などの製造会社として創業しましたが、すぐに家具の製造販売に乗り出しました。その後、時代や顧客ニーズの変化とともにオフィスレイアウトの提案・施工、内装・建築工事へと事業内容も変わってきました。ただ、働きやすさや作業効率のアップなど、職場のより良い環境づくりというテーマは一貫しており、常に「顧客に

とって本当のサービスとは何か」を考え、事業を推進しています。

今後は自社のオフィスでのペーパーレス化や大規模な改装工事を進め、そこでの経験や研究成果を顧客への提案活動に生かしていくつもりです。

会社DATA	
本社所在地	大阪市福島区福島5-17-27
設　　　立	1950年4月（創業：1950年4月）
代　表　者	代表取締役社長　服部 哲史
資　本　金	2,100万円　従業員数：25名
事業内容	各種空間のレイアウト、什器・備品販売、内装・建築工事の提案、施工
主な支援制度	資格取得支援（講習会参加費、受験料の全額負担）
URL	https://www.nichinen.co.jp/

機械・金属
電気・情報
化学・デザイン・食品
建築・土木・設計
環境・エネルギー
商社・サービス・印刷・繊維

株式会社藤井組

土木の基礎工事で社会を支える
——鋼製杭（くい）の施工に特化した積極的堅実経営で施工技術向上

ここに注目！
- ◉ 機材センターにおける研修でプロフェッショナルとしての技術と意識を高める
- ◉ 資格取得者に報奨金を支給するなど手厚い資格取得支援制度を設置

会社の看板が一番大事

重工業の集積地区として栄えた大阪市大正区。ここに藤井組の本社がある。その重工業地区で鋳鉄管などの生産品を運ぶ運送業としてスタートした同社だが、現在は土木の基礎工事の専門業者として事業を展開。自社の施工は自社の社員により、すべて自社機械で工事を行うことを基本とする。

本社を訪れると、本社社屋から

柴田さんは藤井組の活発な雰囲気に魅力を感じ、入社したと話す

工事手配などの打ち合わせを行う下出さん。営業担当として奮闘している

保有する建設機械に至るまで、ブルーとシルバーの2色で色彩が統一されているのがわかる。「このカラーで藤井組だと認識してもらえます」と森致光社長は言う。ブランド力を表す色というわけだ。

一部官公庁工事の元請けの業務もあるが、「ほとんどは基礎工事という完成後の姿が目に見えない事業なので仕事のプロセスこそ商品。会社の看板がすべてです」と

森社長。いかに美しくスマートに施工し、藤井組ならではの仕事だと言ってもらえるかが勝負だ。社員にその仕事へのモチベーションと同社社員であることへの誇りを持ってもらうためのカラーである。

「会社の看板が一番大事」。常務の柴田尚紀さんからも同じ言葉が返ってくる。柴田さんは入社19年目となるベテラン。それまで別の企業で設計畑を歩んできたが、若い人が多く活気あふれる藤井組の雰囲気に引かれて移ってきた。森現社長の就任とほぼ同時期に入社し、社の成長をともに支えてきた。

年齢も森社長と近い柴田さんは「社長と一緒に歩んできたので、社長の方向性は理解しています」と話す。その柴田さんが社長から託されたのは、業務力をアップさせるシステムづくりであった。

「当社は自社の職員により、自社機械での施工を基本としています。受注量の増減に伴い作業者の手配に苦労しました。増員には厳しいものがありましたが、幸いにも退職者もほとんどなく、70歳を過ぎてもなお、その技術を発揮している職員もいます。結局のところ、業務力アップの基本は、人づくりに尽きるのではないでしょうか」

柴田さんは当時の苦労を交えつつ、人材の重要性をこう強調する。これを踏まえ、次のように続ける。「新しく入社した人たちを、未来を託せる人材へ育成することが今後の課題」。森社長と歩んできた

自社の社員により、すべて自社機械で工事を実施しているのが特徴

藤井組が手がけた基礎工事の一例。いずれも生活を支える重要施設だ

柴田さんらしい考えである。

ピンチをチャンスに変える指導

業務効率のアップだけでなく「若手の指導もしやすくなった」のがメリットと強調する柴田さんは、現在、基礎事業本部長として後進の指導にも当たる。「いつまでも自分が仕事をしているようではいけません。若い人にどう仕事の仕方を伝えていくかが大事。地下に杭を打つ仕事なので、何が埋まっているかわからず、思わぬ障害が起きることもあります。それをピンチではなくチャンスと考え、乗り越えていってもらえるよう指導したい」と言い切る。

同社では新卒、途中入社を問わず、新入社員は必ず半年から1年は、同社内にある機材センターで研修を受ける。杭打ちの作業はある程度習熟しておかないと、思わぬ事故を起こしかねないからだ。

営業本部課長の下出陽介さんも、機材センターで研修を受けた若手社員の1人。下出さんは2011年の入社。今年が9年目。父親は同社の総務部長である。

「当時はリーマンショック後の就職難の時代で、父親を頼る形で入社しました。ですが、父親からは会社のことを何も聞いていませんでした。それがかえってよかったと思います」と下出さんは語る。先入観なく入ったことで、何でも吸収できたということである。

経理担当からスタートし、現場を経て、今は営業担当としてまだ1年目。営業担当の専務の指導を受けながら得意先回りをしているが、「早く一本立ちして、藤井組のブランドを自ら広めたいと思います」と意欲を見せる。仕事は厳しいが、丁寧に教えてもらえるのがこの会社の良さ。それは土木基礎工事というシンプルな仕事一筋の姿勢を貫いているからこその特徴かもしれない。

1級土木施工管理技士をはじめ、各種資格取得に関する支援制度があり、資格取得のための費用は会社負担。取得した資格に応じた報奨金も支給される。努力が具体的な形で報われるというのも、工事業者という人こそが最大の財産である企業ならではのよさだろう。

INTERVIEW
当社の魅力を語る
代表取締役
森 致光さん

仕事のプロセスこそが商品

藤井組は土木分野の基礎工事の専門業者です。基礎工事の中でも、鋼製杭の施工に特化している、日本でも数少ない企業です。お客様であるゼネコンから直接工事を受注し、自社の機械を使って施工して引き渡します。

求められるのは施工能力です。私たちの成果物は基礎ですから、本体工事が完成すれば目に見えなくなります。「施工のプロセス」、仕事こそが商品。美しくスマートな仕事をする。それが結果的に社会貢献につながると考えています。

社員がその仕事に誇りを持ち、仕事が楽しいと感じられる会社にしていきたいと思います。

会社DATA

本社所在地：大阪市大正区小林東 1-2-44
設　　　立：1963 年 7 月　代表者：代表取締役　森 致光　資本金：9,300 万円　従業員数：69 名
事 業 内 容：鋼製杭・鋼矢板の施工、上記に附帯する土留工・桟橋工、鉄道関係工事における鋼製杭、鋼矢板の施工、各種水上工事の施工、土木一式工事
主な支援制度：特定資格取得報奨金制度、資格取得時の事前講習及び本試験費用の会社負担など
U　R　L：http://www.o-fujiigumi.co.jp

▼ 株式会社アースインフィニティ

光熱費の削減に貢献する新電力会社
——中小商店向けに特化した営業スタイルで業績を急拡大

ここに注目！
- ◉ 成果を上げれば早く帰宅できる、ワークライフバランスに配慮した働き方を徹底
- ◉ 女性の登用を進め「女性活躍リーディングカンパニー」の認証を取得

アルバイト・ネイリストから管理職に

「私のようにアルバイトから役員になれる会社は、他にはあまりないと思います」。取締役管理部長の浅原香織さんはこう切り出す。

浅原さんはアースインフィニティが設立された2002年に、アルバイトとして採用され、テレホンアポインターの仕事に携わり、その半月後、正社員雇用された。社長から声をかけられたのがきっかけだという。「性別や年齢に関係なく仕事ぶりを評価してもらえるのが、この会社のいいところです」と自社を評価する。

能力や実績があれば、若い女性でも重要なポストで活躍できる会社ということで、同社は大阪市から2017年に「女性活躍リーディングカンパニー」の認証を受けている。内部監査室の室長を務める松田ありささんも、入社してから10年も経たないうちに、この重要なポストに就いた。

実は松田さん、アースインフィニティに採用されたのは、ネイリストとしてである。電子ブレーカーの会社としてスタートし、現在は電力の小売事業を主力とする同社も、かつてはネイルサロンの事業を手がけていた時期があった。電力関係の事業とは何の関係もなさそうだが、「女性が活躍で

きる場をつくりたいという経営者の意思の表れでした」と松田さんは説明する。

このネイル事業は4年ほど前に廃止し、上述の通り、松田さんは内部監査室という、内部統制についてチェックするという難しい仕事に当たっている。「自由に意見が言え、また、親身になって相談に乗ってくれる雰囲気があることが支えになりました」と話す。ポストや勤務年数などにも関係なく、垣根を越えたコミュニケーションが取れることが社員の成長を促すのだろう。

困っている人の支えに

同社は2016年の電力自由化

▲取締役管理部長の浅原香織さん（右）と内部監査室長の松田ありささん（左）

▲営業成果を上げた担当を拍手で迎える風土がある

▲女性が活躍する社風もあり、サロン顔負けの内装となっている

を機に電力小売りに参入した新電力会社の1つだが、苦戦を強いられている同業他社が多い中、今期（7月決算）の売上高は前期を10億円上回る45億円程度を予想している。この成長の要因は同社独特の営業方法にある。

「光熱費負担の重さで困っている人の支えになりたいというのが、当社の事業の目的です」と、濵田幸一社長は言う。本当に困っているのは大企業でも個人でもなく中小の商店との考えから、顧客は電気やガスをよく使う飲食店や美容室などの商店に絞っている。この絞り込み戦略が功を奏しているのである。利幅が薄い大企業向け高圧電力へ供給し苦戦している

同業他社とは対照的だ。

濵田社長が電子ブレーカーの会社を立ち上げたのも、光熱費負担の重さに苦しむ中小企業を助けたいとの思いからであり、この姿勢は一貫している。営業のスタイルも電子ブレーカー営業で培った「飛び込み営業」だ。

この仕事に携わる営業担当者は、完全に成果重視のもとで働いている。その日の目標を達成出来なければ定時での帰宅となるが、その日の目標を達成すれば、昼間でも帰宅できる。「新電力のメリットをきちんと説明すれば、新規の契約を獲得するのは難しくありません」と濵田社長。実際に早く帰る社員は多いそうだ。この働き方

は、夕方の時間を有効に使いたい若手だけでなく、子育て中の女性にとっても、ありがたい仕組みである。

タブレット端末を持ち歩く担当者は、居場所を本社で把握できる仕組みにもなっている。これも、特に女性社員にとっては、監視されているという圧迫感ではなく、見守ってもらっているという安心感につながっているという。

「女性の幹部をもっと増やしたい」と言う濵田社長。年商100億円を目指して顧客をさらに開拓し、働きやすい会社をアピールして新卒採用にも注力したいと意欲を見せている。

INTERVIEW
わが社の魅力を語る

代表取締役社長
濵田 幸一さん

顧客も社員も共に喜ぶビジネスを

アースインフィニティは新電力の会社です。会社立ち上げからしばらくは、私が特許を取得している電子ブレーカーを製造・販売しておりましたが、現在は電気の小売が売上高の9割を占め、ガスの小売りも始めています。

新電力は工事不要で電力を安く供給できることが特徴ですが、当社の場合は顧客を商店などに絞り込むB to B

のビジネスに特化した独自の営業スタイルにこだわっていることが強みだと思います。

社員の働き方では成果主義を貫き、例えば、成果を上げた営業社員はその日は早く帰れます。こうした「顧客も社員もともに喜ぶビジネス」をというのが私の信条です。

会社DATA	
本社所在地	大阪市北区堂島浜 2-2-28　堂島アクシスビル 2F
設　立：2002年7月　**代表者**：代表取締役社長　濵田 幸一　**資本金**：9,985万円	
従業員数：80名	
事業内容：小売電気事業、ガス小売業、電子機器及び電気製品等の製造・販売・卸業	
主な支援制度：入社時研修など各種研修	
U R L：https://www.earth-infinity.co.jp/	

環境・エネルギー

伊丹産業株式会社

地域のライフラインを守り、地域を豊かにし、愛される地域企業
──ガス・石油・電力などを扱う生活総合商社

ここに注目！
- ▶ 資格取得を手厚く支援し、有資格者が多数
- ▶ 規律の厳しさの中に働きやすい環境を提供

営業現場と連携しての販促

　ここ数年、地域社会の貢献に取り組みを強化する「地域企業」が注目されている。伊丹産業はその手本となる企業。ガス・石油・電力など地域のライフラインを支えており、万一の災害の際は、地元の飲食店に即供給できる体制を構築するなど地域に欠かせない存在となっている。

　そんな同社の中核事業となるガス事業部で、エネファームの販促で奮闘しているのがエネファーム販売促進課の阪井大志さん。2015年の入社以来、エネファームの販促資料の作成をはじめとする営業支援のほか、仕入先との価格交渉や業界関係者らとの情報交換などに当たっている。

　家庭向けを中心に節電を目的に開発されたエネファームは2009年から販売を開始。自然災害が増えつつある昨今では、その停電対策用として需要が増大している。

　阪井さんは配属当初は、営業現場などを理解する途上にあり、支店担当者と必ずしも円滑なやり取りができなかった。「わからないことばかりで、現場に行かなければ学べないという危機感を抱いていた」という。「現場に出向き、現場を知ることに努めた」と振り返る。

　ただ、現場を知れば十分な営業支援ができるというわけではない。ガス事業者としての基本知識・技能が必要であり、会社の資格取得支援制度を活用して高圧ガス保安法関係の「丙種化学責任者」とガス事業法関係の「丙種ガス主任技術者」の資格を取得する。

　伊丹産業では人材教育の一環として資格取得支援制度を設けている。ガス事業部だけでも高圧ガス保安法やガス事業法のほか、液化石油ガス法でも関連業務に必要な資格はそれぞれある。資格取得のための講習会や試験に要した費用を支援し（原則1回のみ）、資格を取得すると資格手当が給与に上乗せしている。

　また、当該部署に配属後、1～3年の間に関係する資格は取得するよう推奨している。「資格を取得することで認めてもらい、仕事を進めやすくなった」と阪井さんは振り返るが、先輩社員が多い営業現場との強い連携を意図してのことであろう。

　そんな阪井さんも5年目を迎え、すでに貴重な戦力となっている。それでも「エネファームの購入に至ったときは、自分の説明を

▲エネファーム販売促進課で営業支援にあたる阪井さん

▲新エネルギー部の岡澤さんは「伊丹産業のでんき」の営業を支援する

94

▲伊丹産業が経営するガソリンスタンド（東神戸）

▲充填工場を併設する尼崎工場

▲新エネルギー事業を支えるガスエンジン発電所

理解いただけたことがうれしくて、お客様の顔を覚えています」と言う。営業現場と連携しつつ1人ひとりの顧客と向き合うという初心を忘れていない。

新電力市場での成長を支える

伊丹産業では、女性社員の活躍の機会を増やしており、より働きやすい職場づくりに腐心している。ガス事業部 新エネルギー部で活躍する岡澤美月さんもそれを感じる社員の1人。「はじめは電気の知識がなくて不安でした。周囲の助けがあり、すぐに職場に慣れることができました」と振り返る。

岡澤さんは2018年の入社。担当するのは、2016年の電力自由化を機に開始した「伊丹産業のでんき」の営業支援。営業担当からの問い合わせ対応や、実際の利用シーンに合わせた電気代の試算などを行っている。

新電力会社の大半が電力を日本卸電力取引所から購入する中、伊丹産業はガス事業者として天然ガスを調達する利点を生かして自社の発電所を稼働し、安定供給を実現。また、地元の関西電力管内に加え、中国や四国、中部、北陸の各電力会社管内に販売を広げている。

競合が乱立する中、顧客獲得に向け料金プランの作成支援は重要な役割を担っており、それだけに厳しい業務と言える。それでも「電気代を試算する中、営業さんから提案しやすかった。おかげで契約が取れたという声をもらえるとうれしい」と話す岡澤さん。こうした営業支援により、すでに5万件超の顧客の獲得に至っている。

伊丹産業では、業務改善に関する意見を広く受け付けている。女性社員からの提案が多く、「手書伝票からPCでの画面処理による効率化・ペーパーレス化など業務の円滑化につながった有効な提案もある」と取締役総務部部長の難波良二さんは明かす。女性も働きやすい職場を示す一例と言える。

伊丹産業はライフラインを担う事業を手がけており、伝統的に社員の規律は厳しいことで知られる。一方で、阪井さんや岡澤さんのように若手社員も女性社員も働きやすい環境が確かにある。厳しい中にも働きやすいさがあるのが同社の特徴である。

地域社会の発展とともに成長を目指す会社です

伊丹産業は、創業者の北嶋政次が1948年に米穀輸送および保管倉庫業の請負を機に、米穀業者として事業を開始しました。1958年からはLPガスの供給販売を開始し、同事業を軸にガソリンスタンドの経営や都市ガス事業など生活エネルギーの供給を中心に事業を拡大しました。

近年、国内で自然災害が多発し、各地で甚大な被害を被っています。当社も阪神淡路大震災で被災しましたが、この経験を生かし、自家発電設備を充実させるなど防災・災害対応にも力を入れています。地域のライフラインを担う企業としての使命感を持って事業展開をしており、すべての社員がその責務を果たすべく、日々業務に励んでいます。

会社DATA	
本社所在地	兵庫県伊丹市中央5丁目5番10号
創業・設立：1948年1月　代表者：北嶋 一郎　資本金：5,000万円　従業員数：1,437名	
事業内容	LPガス製造・販売、都市ガス製造・販売、高圧ガス製造・販売、発電及び電気の供給・販売、太陽光発電等の設計・施工・販売、石油製品販売、米穀販売、通信機器の販売等
主な支援制度	資格取得支援制度
U R L	http://www.itami-grp.co.jp/

▽ 壽環境機材株式会社

水処理などで環境保全に貢献
──提案から設計・製作、メンテナンスまでの一貫サービスに強み

 ここに注目！
- ▷ ダイバーシティ重視で子育て中の女性も働きやすく
- ▷ 高い業績と従業員満足の同時実現を目指す

車両関連の大型案件を獲得

壽環境機材の本社営業部営業一課主任を務める松田恭美さん。同社には2010年に中途採用で入社してきた。その松田さんは変わった職歴を持っている。同社に入社する前は、乳酸菌飲料メーカーのセールスレディーとして企業回りをしていたのである。

「壽環境機材も私の訪問先企業の1つでした。定職に就きたいと思っていた時期だったので、この会社に就職することを決めました」という。同社を選んだのは、「アットホームな雰囲気があり、部下が上司に意見を述べやすい会社だと感じたから」だそうだ。

ただ、扱う商品は乳酸菌飲料メーカーとはまったく違う。壽環境機材は水処理設備や洗浄設備などのメーカーである。取引金額はもちろん、お客様も営業方法も大きく異なる。それでも「営業で回るという面では今までと同じと考え、思い切り仕事をすることができました」と松田さんは語る。

フットワークの軽さを生かして官庁などに足しげく通い、地下鉄車両の洗浄と排水のシステムという大型案件を獲得してきたこともある。観光特急の座席コーティングという新しいビジネスを開拓したのも松田さんである。「貴重な人財になっています」と、髙木眞敏社長も全幅の信頼を寄せている。

そんな松田さんは、子育てをしながら働いてきた女性でもある。

「この会社に入社した時は、子供はまだ2歳でした。急な病気にかかった時などには、よく早退させてもらいました。会社の理解があればこそ仕事を続けてこられたと思います」と振り返る。今は小学5年生になり、手間がかからなくなったと言うが、子育て中であることには変わりはない。

「企業は業績をあげなければ生きていけない。従業員に優しくなければ生き残れない」という言葉が好きだと髙木社長は言う。「高い業績」と「従業員満足」を同時に実現することが目標だ。子育て中の女性社員への気遣いも、「従業員満足」の追求の一環である。

「女性従業員は17名います。ベトナム人を採用し2018年に

▲新たなビジネスを開拓した松田さん。その仕事ぶりは社長からの信頼も厚い

▲観光列車の座席コーティングの作業の様子

▲壽環境機材が納品したハイブリッド車体洗浄装置

▲定評のある排水処理装置

開設したハノイの駐在員事務所に派遣するなど、外国人も登用しています。ダイバーシティを尊重する会社です」

髙木社長は、社の姿勢をこう強調する。

資格取得で給料アップ

こうしたダイバーシティを重視する姿勢は、壽環境機材の歴史と無関係ではないだろう。同社は三菱ケミカルエンジニアリング社から水処理事業などの譲渡を受けて、事業規模を一気に拡大したが、社風も営業の仕方も違う会社から受け入れた従業員とは、なかなか意思疎通ができなかったようだ。

髙木社長は環境が違う会社で育った従業員同士の意思統一のため、「全員参加」「All for All」と

いう、全社一丸となって目標に向かう姿勢の重要性を繰り返し説いてきた。同社が重視する多様な人材の活躍も、共通の目標があってこそ可能なのだ。その目標とは「地球環境への貢献」にほかならない。

もちろん、どんな人材であっても、水処理設備や洗浄設備などの技術は、すべてイチから身に付ける必要がある。今後、同社は設備のメンテナンスにも力を入れていくという。必然的にお客様とは長い付き合いになるが、技術がなければお客様との関係の継続も不可能だ。

課長クラス以上には外部の経営幹部養成スクールを活用する研修制度も用意されている。しかし、これはマネジメントの研修である。製品に関する知識などは、先

輩の技術者に得意先回りに同行してもらうなどして、少しずつ身に付けていくしかない。集団研修などは難しい業態だからだ。松田さんもこうした方法で知識を得たという。

ただ、公害防止管理者などの資格取得に関しては、資格に応じて給与にプラスアルファが付くなど、モチベーションアップのための仕組みがある。このあたりのこまやかな支援も同社の特徴だろう。松田さんも「資格は取りたい」と意欲的だ。そして、いずれは後輩女性社員を指導する立場にもなる。「女性が働きやすい環境を整えたい。これも重要な社会貢献です」と、社会貢献を旗印にする会社の社員らしい言葉が返ってきた。

INTERVIEW
わが社の魅力を語る

代表取締役社長
髙木 眞敏 さん

お客様目線で1社でも多くのファンを確保

壽環境機材は1977年に、同業中堅他社で働いていた4人の技術者が独立して起業した会社です。30年後の2007年に三菱ケミカルエンジニアリング社から同じ水処理の事業譲渡を受け、売り上げや従業員を倍増させるなど一気に事業を拡大しました。現在は水処理設備や洗浄設備などを、提案から設計・製作、メンテナンスまで一貫

して提供しています。

お客さま目線で信頼をいただき、1社でも多くのファンを増やしていければと思っています。それには人の力が必要です。人材育成に一層力を入れるつもりです。

会社DATA	
本社所在地	大阪市北区天満1-19-4　センチュリーパーク東天満3階
設　　　立	1977年4月　**代表者**：代表取締役社長　髙木 眞敏　**資本金**：3,200万円
従業員数	71名
事業内容	用水処理設備、排水処理設備、洗浄設備等のコンサルティング、設計、製作、メンテナンス
主な支援制度	各種資格手当制度、住宅手当制度
U　R　L	http://www.kotobukikk.com

▼ 株式会社ハーテック・ミワ

心と技術でコンプレッサーサービスを極める
——全国ネットワークを生かし、提案力に磨きをかける

ここに注目!
- ◉ 技術・営業が連携して顧客に最適提案
- ◉ 社員交流を通じて切磋琢磨する環境づくり

「技術力を磨き、自らを高めたいという思いが入社の動機になりました」

こう振り返るのは、高砂工場(兵庫県高砂市)サービス室の西山良さん。学生時代はエンジニアリングに関心を持ち、基礎理工学を専攻。「技術を身に付けたい」との思いを強く持っていた。入社したのは2016年7月。現在はKOBELCOコンプレッサーのメンテナンスを手がけている。兵庫県中部を中心に顧客を訪問し、現場のニーズをくみ取りながら最適な修理方法などを提案している。前職の信用金庫では地域企業に足を運び、顧客のニーズを聞き出す営業活動に精を出していた。この経験を現在の業務に生かしている。

自らの技術向上と若手育成に注力

西山さんが担当するKOBEL-COコンプレッサーは、ハーテック・ミワが50年以上にわたりメンテナンスノウハウを育んできた。現在、3,000社を超える顧客の現場を支えている。社名の「心」(HEART)と「技術」(TECH)はKOBELCOコンプレッサーサービス指定工場としての誇りと歴史を表す。メンテナンス体制や自社製品の拡充を狙い、2014年にマザー工場を兵庫県加古郡播磨町から同高砂市に移転、高砂工場を稼働した。

高砂工場内には技術や安全に関する教育を行う「研修センター」を設けて資格取得や安全知識の向上を促進し、将来のリーダー育成に役立てている。新入社員から職長クラスまでテーマに分けて講座を開き、メーカーから講師を呼ぶこともある。日常業務での学びを補完し、同年代で刺激し合い、新たな気づきを与えられる機会を提供する。現場ではオン・ザ・ジョブ・トレーニング(OJT)を通じて技術レベルをアップするほか、顧客に設備の故障原因を特定・説明し、パフォーマンスを上げるための提案を行うなど社員教育を徹底している。

西山さんは、入社間もない頃は先輩社員とともに顧客訪問や修理業務をこなしていたが、現在は1人で各現場を回り、顧客対応している。「仕事に責任感を持ち、自ら考える機会が増えた」と心境に変化が起きた。サービス室には約25人が所属。同年代の仲間とは仕事で切磋琢磨しながらも、プライベートで外食に誘い合うなど交流を深めている。現在は高卒入社の若手社員を含めて5人の後輩指導も務める。「自分の教えた内容が伝わっているか、気を遣って

▲現場責任者を目指していると語る西山さん

▲メンテナンスを手がける西山さん

▲西山さんが勤務する高砂工場の現場

▲高砂工場内の研修センターでは将来のリーダーを育成

▲省電力・省力化に寄与するコンプレッサー自動運転制御盤「ミワエコノシステム」

わかっているふりをしているのではないか」と気にかけることも多々ある。若手社員との距離を縮めるために、勤務外でもコミュニケーションを取るなど心を開いてもらえるよう工夫を重ねる。

より高みを目指して会社の成長ドライバーに

コンプレッサーとは、「製造現場になくてはならないもの」と認識。多様な生産設備の動力源となり、故障すれば生産停止に陥ってしまうため、定期的なメンテナンスが欠かせない。西山さんは入社以降、2〜3年間でクレーン操作や低圧電気の取り扱いなどで資格を取得し、メンテナンス業務での高品質なサービスの提供に生かしている。また、メンテナンス業務を通じて KOBELCO コンプレッサーの省エネルギー性能などの優位性を訴求し、営業部門と連携しながら導入数の増加に力を注いでいる。さらに顧客の困りごとを聞き出し、社内に持ち帰って先輩社員と相談しながらベストな提案ができるよう、社内コミュニケーションの活性化にも取り組んでいる。「先輩の良いところを盗みつつスキルアップにつなげたい」と向上心を抱く。

そんな西山さんが目標に据えるのは、顧客の現場で修理や部品交換など大規模な工事を統括する現場責任者だ。そのためには技術向上に加え、安全衛生の知見の習得が必須となる。作業をともにするメンバーへの気配りも欠かせない。ハーテック・ミワは、コンプレッサーのメンテナンスを軸に、コンプレッサーの省エネ自動制御盤である「ミワエコノシステム」のほか、冷凍設備や常用・非常用発電機用ガス圧縮ユニットなども自社製品として開発・製造しており、新分野に果敢に挑戦している。「段階的に経験を積むことでハーテック・ミワの成長に貢献したい」と西山さん自身の役割を会社の成長戦略に重ね合わせる。

INTERVIEW
わが社の魅力を語る

代表取締役社長
奥藤 明司さん

全国展開でコンプレッサーのメンテナンスに総合力を発揮します

当社は、神戸製鋼所製スクリューコンプレッサーのメンテナンスを手がけています。経済成長により小規模事業者から大企業まで工場の動力源となるコンプレッサーの需要が増加し、各地域の拠点から技術サポートできる体制を築いてきました。技術面では、短時間での故障要因の解決が求められます。高砂工場の研修センターは技術継承に大きな役割を果たしています。環境意識の高まりから省電力・省力化に効果の高いコンプレッサー自動運転制御盤「ミワエコノシステム」を 1994 年に自社製品として発売。累計 1,000 台以上を売り上げました。圧縮空気に関するノウハウを生かしてガスコンプレッサーなど自社製品の展開を進め、開発製造からメンテナンスまで総合的な提案力を強みとしています。

会社DATA

本社所在地：神戸市中央区脇浜町 2-1-16
設　　　　立：1974 年 6 月　　**代表者**：代表取締役社長　奥藤 明司　　**資本金**：5,000 万円
従 業 員 数：320 名　　**売上高**：88 億円
事 業 内 容：コンプレッサー、冷凍設備のメンテナンス、アフターサービス
主な支援制度：新人研修については高砂研修センターにて安全、技術（入門コース）研修を実施し半年後にフォローアップセミナーを実施。技術研修については年間カリキュラムにより各キャリア、必要業務に応じて研修センターにて集合研修を実施。階層別に外部研修講師によるマネジメントを中心とした人材育成を行っている。
U 　R 　L：http://www.h-miwa.co.jp/

▽ 英和株式会社

計測・制御機器の専門商社として存在感
──若手社員に積極的に仕事を任せ、成長を促す

- ◯ 入社1年目から展示会の説明で先頭に立つ
- ◯ 任せる社風と社員教育で近年の若手退職ゼロ

英和は計測・制御機器などを扱う専門商社。「ここ数年、機器設置工事は付加価値の高いサービスとして需要が増大している」。こう語る阿部健治社長は、機器の販売にとどまらないサービスの拡大に手応えをつかんでいる。その背景には人手不足の影響などによる、顧客や機器メーカーからの要望の増加がある。「インフラを支える老朽化設備は多い。その更新に伴うサービス増が見込まれる」と続ける。

若手に仕事を任せる社風

1947年に大阪市西区で創業した英和。商社としての販売品目は、おもに工業用計測制御機器、環境計測・分析機器、測定・検査機器、産業機械の4分野であり、全国36拠点で営業活動を展開している。

「当社の特徴は専門商社でありながら営業網を全国展開していること。これにより500社以上の有力企業との取引がある」。執行役員の兼田成人総務部長は自社の強みをこう説明する。また、取り扱い製品群は1万点超に上り、「顧客ニーズに細かく応えられる。サービスやメンテナンス、設置工事に関してもワンストップ対応を提供できる」と強調する。

このような強みを支えるのは当然、豊富な人材であるが、英和には若手社員にも積極的に仕事を任せる社風がある。例えば、展示会では入社1年目の社員も先頭に立って営業活動に当たる。ほかにもメーカー側に声をかけ、専用車両で説明に赴く「キャラバン展示会」も随時実施している。

大阪本社営業部大阪公共環境グループの秦泉寺雄公さんも、これ

らの営業で活躍した1人。「大学3年生に就職先をリサーチする研究会に参加し、そこでB to B企業に興味を持ち、英和を知った」。2017年4月に入社した。

現在は、上下水道関連分野に携わり、自治体やプラント・ポンプメーカーに向け、公共工事で使用する製品を提案している。自治体には設備更新などの情報をいち早くつかむため頻繁に足を運ぶ。メーカーに対しては「水質などにより排水処理場ごとで用いる機器が異なるため機器選定の提案をしている」という。営業マンとして顧客ニーズに丁寧に応える姿勢が伺える。

自ら考えて行動する基盤

秦泉寺さんは入社3年目。若手社員の1人として、先輩社員から引き継いだ取引先を担当する

▲商談に臨む秦泉寺さん（写真右）。若手でも個人の裁量に任せるのが英和ならでは

▲職場の先輩による指導も成長を促している

▲環境展での出展の様子。展示会営業は新規顧客開拓で重要な場となる　▲大阪市西区北堀江にある英和の本社

が、提案については「営業マン個人の裁量に任せてくれる」。特に「担当する上下水道関連は住民生活に密着するものであり、これに寄与できることにやりがいを感じる」。仕事への充実感をこう語る。

英和には自ら考えて行動する基盤がある。これが社員1人ひとりの成長を促すものとなっており、結果、先に述べた若手社員に任せる社風となっているのであろう。秦泉寺さんの言葉から、こうした好循環を伺い知ることができる。

これに加え、英和では新人教育にも力を入れている。既述の通り、取り扱い製品群は1万超にもなり、高度かつ多様な製品知識が求められるからだ。しかも、体得できるような工夫もしている。その実施例に、顧客となる製鉄会社の模擬プラントを利用しての研修がある。実際に英和が扱う計測機器を用いて測定などを行うため、理解度の高いものとなっている。

また、電気工事関連の資格取得も支援している。商社ゆえに文系出身の社員が約7割を占めるが、こうした社員も資格取得に至るよう、現場研修を含む体系的な教育プログラムを用意している。「入社3年後のあるべき姿を描きつつ新人の成長を促したい」と、兼田総務部長は社員教育への思いを語る。

このような基盤と支援は、若手社員の退職ゼロというかたちで表れている。ここ3年間に入社した約30名すべてが現在も英和に在籍している。入社3年で3割の若手社員が退職するとされる現在において、きわめて異例であり、すべての若手社員がやりがい持って仕事に臨んでいる証左と言えよう。

英和は2026年に創業80周年を迎える。2019年度は3カ年の中期経営計画の最終年度。2年目の計画達成を受け、2019年度はさらに上積みした目標計画に取り組み、その節目に向け邁進し続けている。

INTERVIEW
わが社の魅力を語る

執行役員　総務部長
兼田 成人さん

人材を大切にすることが前提です

社是に、和を大切にして協力を意味する「和親協力」を掲げています。また、これには人材を大切にするという意味も込められています。

会社の制度づくりや働き方改革にも前向きに取り組んでいます。単に社員数と売上増を目指すのではなく、社員1人ひとりの付加価値の向上を重視しています。そこで、社員のスキルを可視化できるようにしており、その1つに、2019年度から人事評価に取り込んだスキルマップシートがあります。社員各自が自身の成長をこれに落とし込み、定期的に上長との面談を通じて確認できるようにしています。人材育成で効果を上げつつあります。

会社DATA	
本社所在地：大阪市西区北堀江 4-1-7	
創　　　業：1947年6月15日　**設立**：1948年6月29日	
代　表　者：代表取締役社長　阿部 健治　**資本金**：15億3,340万円　**従業員数**：362人	
主な支援制度：業務に必要とされる資格などを中心に資格取得を奨励。第二種電気工事士、2級電気工事施工管理技士など。また、通信教育や社内システムでeラーニングを実施、働きながら学ぶ環境を整備している。そのほか入社前教育、新人教育研修、部門別研修、階層別研修、技能研修などを実施し、社員のスキルを可視化し（スキルマップ）、社員のスキルアップや人材の適材適所に努めている。	
事業内容：計測機器・制御機器・産業機械などの販売	
U　R　L：https://www.eiwa-net.co.jp/	

▼ 株式会社谷印刷所

世代を超えて受け継ぐ印刷技術で社会に広く貢献
——デザインから印刷、製本、加工までの一貫生産体制で顧客ニーズを満たす

ここに注目!
- ジャパンカラー認証取得で従業員のモチベーションを向上
- ベテランと若手がコンビを組み印刷オペレーターを育成

2017年8月、「ジャパンカラー認証制度」の標準印刷認証を取得した。印刷工場が高いレベルの技術を保有することを認証する制度で、色の濃さや網点の大きさに厳格な基準が設けられている。審査は認証員立ち合いの下、実機を使って5,000枚の印刷物を作成し、色の再現度によって合否が判定される。谷昌宏社長は「従業員のモチベーションアップのためにチャレンジしようと考えた」と、その目的を語る。

審査当日、印刷機のオペレーターを担当したのが林和樹さん。会社が時間とコストをかけて認証取得を目指すことに対して責任を強く感じ、当日の朝は「吐きそうだった」と明かす。それでも、印刷機の前では普段通りに仕事をこ

なし、認証取得に至った。「すべて数値で評価されるので、アナログ的な経験則や感覚は通用しない。厳しい条件の中で何とか答えを出すことができた」と振り返る。谷社長も「ハードルは高かったが見事クリアしてくれた」と評価する。

頭と足を動かして
仕事のイロハを身に付ける

1951年に谷社長の祖父となる吉次郎氏が創業した。印刷物の企画・デザインから製版、印刷、製本・加工までの一貫生産体制を整えているのが強みだ。

林さんは最新オフセット印刷機の責任者を任され、さまざまな印刷物の制作に携わっている。入社22年目のベテランだが、「これですべてうまくいくという確固た

る自信はいまだにない」と話す。

「ただ、顧客から『良かったよ』と言ってもらえると、自分の仕事がうまくいったのだと確認できる。これを積み重ねることで、顧客の好みやこだわりもわかるようになり、より質の高い仕事をする原動力にもなる」

林さんは染色工場に勤めていた父親の影響もあって製造現場への就職を希望し、印刷オペレーターの道を選んだ。入社から3年間は先輩オペレーターのサポート役を務め、仕事のイロハを実地で学んだ。先輩に迷惑をかけないように印刷工程や作業手順を懸命に覚え、先輩が何を求めているか、どんな指示があるかを予想し、できるだけ先に動くように心掛けた。「とにかく3年間は頭を回し、足

▲印刷の仕上がりを確認する林さん

▲本社正面に新設した西工場

▲西工場には最新の印刷機を備える

▲インキを追加して色を調整することもある

を動かした」と振り返る。

当時は職人肌の先輩も多く、失敗して何度も怒られた。それでも質問したり相談に行ったりすると「お前、あほか」とぼやきながらも、正しい答えを教えてくれた。ただ、林さん自身は「こう思ったら我を通す」一面もあるそうで、オペレーターに昇格した当初は周囲とぶつかることも少なくなかった。「同じ職場で同じ印刷という仕事に携わっているのだから、ゴールは同じはず。ゴールまでのルートが違うだけなのだと気づき、他の人の意見を聞けるようになった」と明かす。

できるだけ短時間で高品質な製品を提供

オフセット印刷は、刷版に付加したインキをいったん、樹脂やゴム製のローラーに移した後、紙に転写する。紙と刷版が直接触れないため、刷版へのダメージが少なく、均一な品質の印刷物を大量に製作できる利点がある。

谷社長は「製造業である限り『タイム・イズ・マネー（時は金なり）』は重要な考え方で、できるだけ短時間で高品質なものを提供することを目指している」という。生産性を向上するために、印刷機の設備更新は定期的に実施してきた。

ただ、機械も大型化し、用紙も重量物になるため、安全面も最優先に考えなければならない。林さんは「色に対する繊細な感覚や安全への配慮が求められる一方で、スピードやコストも頭に置いておかなければならない。アクセルとブレーキを使い分けながら、常に緊張感を持って作業を進めている」と表情を引き締める。

現在、林さんはサポート役の若手社員とコンビを組んで日常業務に当たる。後輩たちの姿を見ていて気になるのは、やってみたらどうかと背中を押しても、失敗を恐れてやらないという選択をするケースがあること。「失敗から学ぶことは多い。若いうちに思い切って挑戦をしてほしい」とエールを送る。

先輩たちは厳しかったが、愛情や親心を持って接してくれた。今度は自分が同じようなスタンスで、若い世代の成長を見守っていこうと考えている。

INTERVIEW
わが社の魅力を語る

代表取締役
谷　昌宏さん

印刷物を通じて社会に貢献し、達成感が得られる会社

当社はものづくりを通じて社会に貢献できる企業を目指しています。顧客との打ち合わせを営業が行い、工場で製品に仕上げていくという全工程を自社で行っております。顧客は京都や大阪、滋賀を中心に、企業や商店、官公庁、学校、寺院など、あらゆる業種に広がります。各種の印刷物からは顧客それぞれの考え方やこだわりはもちろん、世の中の動きも知ることができます。製品を顧客に納めることによって、社会に役立っているという達成感を得ることが、従業員のやりがいにつながっていると考えています。また、京都が発祥の環境管理規格「KES」の取得のほか、会社周辺道路の清掃活動を続けるなど、環境への取り組みにも力を入れています。

会社DATA	
本 社 所 在 地	京都市右京区西院太田町88
設 　 　 立	1962年10月（創業：1951年3月）
代 　 表 　 者	代表取締役 谷 昌宏　資本金：1,000万円
従 業 員 数	30名
事 業 内 容	書籍、冊子、カタログ、パンフレットなどの印刷加工
U 　 R 　 L	http://www.taniinsatsusho.co.jp/

株式会社ネクスト・ワン

急成長企業、業界トップの保有台数で高級車レンタカーの市場に君臨
―独自の月額定額サービスで急成長

ここに注目！
- 人を感動させることができる仕事
- 自身の経験を後輩の成長につなげる風土と充実した社員教育で強みをより強固に

通常レンタル約6日分の料金で1カ月も高級車を借りることができる「エクスチェンジドライブ」。ネクスト・ワンが2017年から開始した月額定額サービスで、月単位で高級車を乗り換えられる。

「初めてお客様に本サービスを受け入れてもらったときのことは、いまも鮮明に憶えています」

兵庫本社拠点長の岸江佑太さんは、サービス開始時の手応えをこう話す。

高級車を選ぶ"歓び"と運転する"楽しさ"、レンタルの"手軽さ"を集約したのがエクスチェンジドライブの特徴。岸江さんらも納得するハイクオリティなサービスは、社員の営業努力を支えにネクスト・ワンの成長の牽引役となっている。

現場での経験を生かす風土

「もともと車に興味がなく、なんとなく進んだ選考でした。この会社に入社したいと強く思ったのは、三次選考でのドライブ面談。初めての高級車。その豪華でソファーのようなリアシートに座った瞬間の感動が、入社の決め手となりました」

こう話す岸江さんが入社したのは2012年。保険会社専属の営業からキャリアをスタートさせた。

レンタカー会社の重要な業務に、万一の事故時の代車の提供がある。同様の車両を用意できる方が望ましいが、それを確保できる保証はない。このようなときは、顧客の事情を踏まえて最善の代車を提案し、納得してもらうことが求められる。

ところが「入社当時は、お客様のニーズに十分に応えられず、落ち込んだこともありました」。岸江さんは当時の失敗をこう振り返る。それでも「こうした失敗を重ねることで徐々に自身の"引き出し"が増えました。お客様から自分を指名してくれたときは、自身の成長を少しは感じたものです」と振り返る。

その後、いくつかの現場を経験した後、2017年から現在のオペレーション業務の統括担当となった。顧客からの受注対応や関連担当者への作業手配、売上・在庫管理などを一手に担う部署で、いわばネクスト・ワンの司令塔だ。このような多様な業務をこなすがゆえ、上記のような「現場での失敗が現在の業務に役立っている」と明かす。

▲新たに扱いを始めた米Tesla社のEV車をチェックする岸江さん

▲業界トップの保有台数で高級車レンタカー市場を牽引する

▲社内研修の成果があり、岸江さんは社長の意図を理解して業務に当たっていると話す

また、岸江さんは拠点長として後輩の指導にも当たっている。後輩もかつての自分と同様、悩んだり落ち込んだりしていることが間々あるという。こんなときは率先して声をかけているようで、その際も「現場での経験が後輩の気持ちの理解に役立っている」という。岸江さん自身も先輩から同様の気遣いを体験しており、1人ひとりの経験を自身の成長にも後輩の成長にも生かせる風土がネクスト・ワンには根付いているようだ。

社内教育にも強みの源泉

岸江さんは、社内教育への取り組みも大切にしているという。例えば、週1回の社内勉強会となる「早朝勉強会」を通じて、藤川雅資社長らの助言を得ることで「他の視点から物事を見る姿勢につながる」経験をしているからだ。ほかにもビジネスゲームタイプの研修プログラム「MG（Management Game）研修」や、TOC（制約理論）をゲームで体得する「TOC研修」など多数の研修を用意している。特徴的なのは、最初に価値観教育研修を実施していること。これを通じてマインドセットを図ることで、その後の研修をより実りあるものにしている。そして、藤川社長が願う「社員1人ひとりにも経営者の視点を持ってほしい」という結果にもつながっている。

MG研修は、入社3カ月以内に3回（15期）、幹部社員には20回（100期）参加することになっており、岸江さんはすでに80期を経験した。その甲斐があり、「社長の意図や指示を出すタイミングが理解できるようになってきており、経営者の感覚が身につきつつあるのでは」と明かす。幹部候補として着実に成長しているようだ。

ネクスト・ワンでは、社員の名刺には似顔絵とともに藤川社長が名づけたニックネームが記載されている。岸江さんの現在のニックネームは「マグナム」。入社当時は、その端正な顔立ちから「ハンサム」だったそうだが、「いまはもう違う」という藤川社長の思いから変更となった。それは、幹部候補として歩み出した岸江さんの成長を感じ取った結果であろうし、社長が社員1人ひとりの成長を感じ取る風土にも、ネクスト・ワンの強みがあるのだろう。

INTERVIEW
わが社の魅力を語る

代表取締役社長
藤川 雅資さん

社員とともに成長する日本一の高級車専門レンタカー会社

ネクスト・ワンは高級車に特化したレンタル事業を行っています。2006年に車4台で始めたのが、今では550台（2019年12月現在）を保有。他に同じ業態の会社がほぼなく、関東（東京）、関西（兵庫）、東海（愛知）、九州（福岡）の各拠点で展開するに至っています。

新車の国内市場は近年の縮小傾向に加え、クルマメーカーによる車種統合が続いていますが、高級車に限れば新型車種が発表され、市場のすそ野の広がりを感じます。その中で会社の成長を支えるのは人材。TOC研修をはじめ社員1人ひとりのマネジメント力の向上に努めており、社の経営をきちんと理解している社員が多いのもネクスト・ワンの特徴と言えるでしょう。

会社DATA

本社所在地：兵庫県西宮市久保町3-4
創業・設立：2006年6月　代表者：代表取締役社長　藤川 雅資
資本金：1,000万円　従業員数：45名
事業内容：高級車レンタカー事業
主な支援制度：MG研修、TOC研修のほか武蔵野、日創研（外部研修会社）への参加費支援
URL：https://www.next-rent.net

機械・金属　電機・情報　化学・薬品・食品　建築・土木・設計　環境・エネルギー　商社・サービス・印刷・映像

▼ 株式会社フォトクラフト社

印刷メディア開発のフロンティア企業
——不燃メディアの研究開発を通じて社会の安全に貢献

ここに注目！
- ◉ CEO の技術と願いを社員が継承・共有
- ◉ 公共施設の美観に必須の技術を提供する誇りを持つ

「当社の製品はすべて松本 CEO が考案したものです。かつてのホンダやナショナル（現パナソニック）のように、技術者が主導となっている企業は、現代では貴重な存在だと思います」

大阪本社営業部の営業 3 部リーダーを務める小林繁樹さんが、こう語るフォトクラフト社は、創業者である松本巌 CEO が 1961 年に設立。26 歳の時に同社を立ち上げた松本さんは、現在も同社製品の研究開発現場の第一線で活躍している。

写真製作技術の多様な応用

もともとは進駐軍を相手にカメラ販売で生計を立てていた松本さんは、同社設立後は TV セットの製作を受けるかたわら、より薄く、より丈夫で、より安全な印刷メディアの開発に取り組んできた。特に力を入れているのが不燃メディアの研究開発だが、これには一般的なフィルムの性質と日本の風土が深く関わっている。

「一般的なフィルムは温度変化によって収縮しますが、これを防ごうとすれば自ずと『燃えないフィルム』という発想に行き着きます。また、日本の建造物は少し前まで燃えやすい紙と木が主に用いられており、これらが火災時の延焼の原因となっていました。フィルムの場合、経年劣化によって燃えやすくなるため、より安全に使えるフィルムを開発するというのは、私にとって自然な流れでした」

こう語る松本さんの考えのもと開発された同社製品は、商業施設のラッピングから駅構内のバナー、屋上の広告塔、展覧会の大型図像まで様々な用途・場面で用いられている。

「印刷物は『印刷されているもの』がメインなので、媒体をつくっているフォトクラフト社の存在はあまり知られていないでしょう。ですが、私たちがつくっている製品は、多くの方々が普段からごく当たり前のように見ているはずです」。こう小林さんは語るが、同社が手がけた製品は現在、都市や公共施設の美観づくりに欠かせないものとなっている。

また、同社では近年の LED の

▲いまも研究開発に情熱を注ぐ松本さん（写真前列左）と松本さんを支える若手社員のみなさん

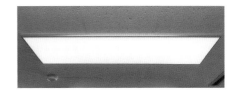

▲極薄・軽量・長寿命・不燃が特徴の高輝度 LED パネル「Affix Light」

▲ Affix Light に写真を重ねることで大型ディスプレイとしても使える

▲ Affix Light は天井仕様にもできる

普及を受けて、写真製作で培った経験と技術を生かし、LED を利用した電照プレートや天井照明などのほか、大型 LED ディスプレイの開発にも力を注いでいる。

「例えば写真や映像の場合、現在はデジタル撮影が主流ですが、実はフィルムの方がデジタルよりも記録できる情報量が多いです。これまでの大型 LED ディスプレイは画質が粗いですが、当社の写真技術を利用すれば、フィルムに匹敵する映像表現ができるディスプレイになるのです」

こう松本さんが語るように、確かにフォトクラフトの LED ディスプレイは既存製品にはない鮮やかさが感じられる。

不燃メディアの普及を目指して

長年にわたって印刷メディアの研究開発に取り組んできた同社は現在、不燃メディアの普及拡大を目標に掲げている。

「現在は鉄やコンクリートが建造物に使われています。ですが、紙のように可燃物が施設内にあると火災事故が起きてしまいます。だからこそ不燃メディアを普及させていきたいし、『燃えないフィルム』があることを発信していくことで、少しでも安全に貢献していきたいです」。こう松本さんは力を込める。

一方で、「松本 CEO が優れた技術者である以上、『技術をいかに受け継ぐか』が大きな課題」と小林さんは語るように、技能伝承も重要なテーマとなっている。特に近年は、技術革新のサイクルが年々早まっており、この速度への対応が社として求められている。若手社員を含む全社一丸で取り組むという。

最後に、小林さんは「松本 CEO の思いを引き継いで不燃メディアの普及に努めたい」と語ってくれたが、これまで同社は創業者の情熱を周囲が盛り立てて発展してきた。今後は、これを周囲が継承して、新たな不燃メディアを世の中に発信してくるものと期待される。

INTERVIEW
わが社の魅力を語る

取締役
松本 良弥 さん

印刷メディアの最先端に挑む会社です

当社は 1961 年の創業以来、超大型カラーフィルムや不燃メディアなどの開発と並行して、ビルラッピングや TV セットなどの製作に取り組んできました。印刷メディアを通じて風景・美観づくりに関わってきたほか、近年は火災事故の延焼原因となることを防ぐべく、不燃メディアの研究に特に力を注いでいます。また、昨今は LED の普及を受けて、極薄の電照プレートや天井照明の開発にも尽力しています。

長年の経験を活かしつつ、今後も印刷メディアを通じて、防炎を中心とする日本の安全向上に貢献していきたいと考えております。

会社DATA	
本 社 所 在 地	大阪市淀川区宮原 2-14-28
設 立	1961 年 9 月
代 表 者	CEO 松本 巌
資 本 金	5,000 万円　従業員数：150 名
事 業 内 容	超大型不燃カラーフィルム、大型 LED ディスプレイ、不燃メディア、電照プレートなどの開発およびバナー、ビルラッピング、TV スタジオ背景セットの大型写真
U R L	http://www.photocraft.co.jp/

ミカサ商事株式会社

エレクトロニクスと ICT で社会課題を解決
——文教向けビジネスなど有望市場の開拓に力入れる

社会に貢献できるという喜び

政府は学校教育の場で小中学生が 1 人 1 台、パソコンを使えるようにすることを目標にしている。学校教育の ICT 化は今後急速に普及する見通しだ。「その教育現場の変化、時代の変化を肌で感じています」と、ミカサ商事ソリューション販売部の水野亜紀子さんは語る。

同社には文教向けのビジネスに特化した、営業担当や技術者たちで構成される全社横断的なチームがある。教育の ICT 化に関連する商品の市場を開拓するチームである。水野さんはそのチーム内の 1 人。全国各地の教育委員会や私立の学校などを飛び回る、忙しい日々を送っている。

水野さん、実は 2019 年に新卒採用で入社したばかりの新入社員である。大学では文系の人間科学部で学び、エレクトロニクスの技術とは無縁だった。「コミュニケーションの技術を磨くため、営業の仕事がしたくて商社を目指しました」。ミカサ商事を選んだのは、「会社を訪ねて、社内の風通しの良さを感じたから」だ。

待っていたのは教育 ICT 化の関連商品の営業という大仕事。新規顧客開拓の手段は、自社開催の教育 ICT 化に関連するセミナーの開催、パートナー企業からの紹介、運営サイトの訪問者へのアプローチなど多岐に渡る。その後は「専門的な技術の説明が必要な時に、技術者に同行してもらうこともありますが、1 人で営業に行くこともあります」と話す水野さん。「とても働きやすく、チーム全体でフォローし合える環境のお陰で負担には感じない。戦力として認めてもらっていると感じられるのが、何よりうれしい」と前向きだ。

例えば 1 人に 1 台生徒にタブレットを持たせるだけでも、大きな学校であれば 1 学年で 400 台近く売り上げることになる。新入社員にいきなりこのような大仕事を任せる会社も称賛に値するが、水野さんの仕事ぶりもまた際立っている。そんな水野さんも、「ICT

▲教育 ICT 化の関連商品を説明する水野さん

▲水野さんらが構築した教育ICTの案内サイト

▲ICT教育関連の専門展でも自社製品を案内する

▲ICT化を支援した学校から感謝の声が寄せられたときにやりがいを感じるという

化がスムーズに進んでよかった。生徒が使っているところを見にきて来てください」と学校関係者に言われたことが、やりがいを感じた瞬間だという。自社のものが売れたという喜びだけでなく、学校づくりに貢献できたという喜びを感じることができるからである。

自主性に任せる
独特の研修制度

同社は長期経営ビジョンの中で、「キラリと光る『武器』を持つ」「グローバルに活躍する」などを目標に掲げている。「開発・製造・サービス力も強化するタテ方向への成長と、販売エリア・顧客層を拡大するヨコ方向への成長を目指します」と、荒木嘉治常務は話す。文教向けビジネスの拡大は、その

具体的な戦略の1つだ。

戦略遂行のためには、水野さんのような若手の力も投入する。この方針で成果を上げるためには、もちろん人材育成システムも強固でなければならない。同社はその社内教育システムが充実していることも強みである。

同社には新入社員のほか、中級・上級職、指導職、管理職それぞれの階層に応じた教育体系があり、集団研修のカリキュラムが細かく作成されている。それだけではなく、エレクトロニクス商社ならではとも言える「ICT研修制度」を2019年から始めている。

社内に設置された端末で社内研修用のページを検索し、社員個人個人が受けたいと思う研修を自由に選んで受けられるというシステ

ムである。研修メニューも豊富で、外国語のeラーニングから、各種の資格取得のための試験対策までできるようになっている。

「上司に一声かけるだけで、就業時間内でも自由に受けることができる、他にはない研修システムです」と荒木常務。社員の自主性に任せるシステムだが、受講者は多く、効果は大きいようだ。

水野さんももちろん、このシステムを利用しての自己啓発に余念がない。「次年度には後輩社員が新卒採用で入ってくるので、後輩の指導にも力を入れ、先輩社員との懸け橋になりたいです」と、早くも次のステップを見据えている。

INTERVIEW
わが社の魅力を語る

常務取締役
荒木 嘉治さん

他に類例を見ない企業を目指します

ミカサ商事は「エレクトロニクス総合商社」です。当社の歴史は古く、ちょうど70年前に医療機器の販売代理店としてスタートした会社です。その後、電子デバイスやクラウド型PCなど、取扱商品を広げてきました。

今後は開発・製造・サービス力も強化し、製販融合の他に類例を見ないユニークな企業として、一層の成長を図

ります。アジアや欧州など海外市場の開拓にも力を入れるほか、文教向けビジネスやセキュリティー事業など、有望分野の開拓にも注力していきます。そのためには人の力が何より必要です。「人を大事にする会社」として、当社独自の「ミカサ教育体系」を充実させ、人材育成に努めていきます。

会社DATA	
本社所在地	大阪市中央区島町2-4-12
設 立	1957年2月（創業：1948年9月）　代表者：代表取締役社長　中西 日出喜
資 本 金	3億4,650万円　従業員数：連結344名
事 業 内 容	電子部品、電子機器、各種電気製品の製造販売ならびに輸出入業務
主な支援制度	階層別社員教育制度、ICT研修制度
U R L	https://www.mikasa.co.jp/

機械・金属

電機・情報

化学・薬品・繊維

windows・土木・ただ

環境・エネルギー

商社・サービス・印刷・映像

掲載企業 50 社エリア別

（※地名の50音順に掲載）

大阪府

【大阪市】
株式会社アースインフィニティ（大阪市北区）
壽環境機材株式会社（大阪市北区）
マツダ株式会社（大阪市城東区）
株式会社藤井組（大阪市大正区）
セルカム株式会社（大阪市中央区）
ミカサ商事株式会社（大阪市中央区）
株式会社ユニオンシンク（大阪市中央区）
英和株式会社（大阪市西区）
東亜精機工業株式会社（大阪市東成区）
東洋バレル技研株式会社（大阪市平野区）
株式会社ニチネン（大阪市福島区）
ダイヤモンドエレクトリックホールディングス株式会社
（大阪市淀川区）
株式会社フォトクラフト社（大阪市淀川区）

【東大阪市】
アメリカンテント株式会社（大阪府東大阪市）
協同電磁機工業株式会社（大阪府東大阪市）
日新技研株式会社（大阪府東大阪市）
野添産業株式会社（大阪府東大阪市）
菱井工業株式会社（大阪府東大阪市）
株式会社フセラシ（大阪府東大阪市）
株式会社ユニックス（大阪府東大阪市）

【八尾市】
株式会社大阪プロジャパン（大阪府八尾市）
江商螺子株式会社（大阪府八尾市）
フルテック株式会社（大阪府八尾市）
株式会社平和化研（大阪府八尾市）

【大阪府内】
化研テック株式会社（大阪府交野市）
株式会社中北製作所（大阪府大東市）
日下部機械株式会社（大阪府豊中市）
株式会社光栄プロテック（大阪府枚方市）

京都府

【京都市】
株式会社谷印刷所（京都市右京区）
NKE株式会社（京都市伏見区）
三和化工株式会社（京都市南区）

【長岡京市】
株式会社木村製作所（京都府長岡京市）
株式会社工進（京都府長岡京市）

【京都府内】
株式会社日進製作所（京都府京丹後市）
株式会社ゴードーキコー（京都府久世郡久御山町）

兵庫県

【神戸市】
株式会社カコテクノス（神戸市須磨区）
株式会社二六製作所（神戸市中央区）
株式会社ハーテック・ミワ（神戸市中央区）
株式会社神鋼エンジニアリング＆メンテナンス（神戸市灘区）

【尼崎市】
seavac株式会社（兵庫県尼崎市）
ゼロ精工株式会社（兵庫県尼崎市）
株式会社トーホー（兵庫県尼崎市）

【伊丹市】
伊丹産業株式会社（兵庫県伊丹市）
松谷化学工業株式会社（兵庫県伊丹市）

【兵庫県内】
赤穂化成株式会社（兵庫県赤穂市）
神戸合成株式会社（兵庫県小野市）
三和コンベア株式会社（兵庫県小野市）
株式会社ネクスト・ワン（兵庫県西宮市）
応緑株式会社（兵庫県姫路市）

福井県

ジビル調査設計株式会社（福井県福井市）

INDEX

機械・金属　電機・情報　化学・素材・食品　建築・土木・設計　環境・エネルギー　商社・サービス・印刷・映像

日刊工業新聞特別取材班

香西 貴之、坂川 弘幸、佐々木 信雄、高木 俊彦（トライスター）
友広 志保、中野 恵美子、永井 光暁、林 武志、平野 健
福原 潤、藤嶋 亨、村上 摂

NDC 335

社員も会社も輝く！関西の優良企業 50 社 2020 年版

2020 年 4 月 10 日　初版第 1 刷発行　　　　　　　定価はカバーに表示してあります。

Ⓒ編　者　　　日刊工業新聞特別取材班
　発行者　　　井水治博
　発行所　　　日刊工業新聞社　　〒103-8548 東京都中央区日本橋小網町14番1号
　　　　　　　書籍編集部　　　　電話 03-5644-7490
　　　　　　　販売・管理部　　　電話 03-5644-7410
　　　　　　　FAX　　　　　　　03-5644-7400
　　　　　　　振替口座　　　　　00190-2-186076
　　　　　　　URL　　　　　　　https://pub.nikkan.co.jp/
　　　　　　　e-mail　　　　　　info@media.nikkan.co.jp

カバーデザイン　志岐デザイン事務所
印刷・製本　　　新日本印刷（株）